서울대 학문 목적 한국어+ 시리즈
말하기·듣기·읽기·쓰기

서울대
한국어+plus

학문 목적

말하기

서울대학교 언어교육원 지음

서울대학교출판문화원

머리말

최근 들어 한국 내 대학 및 대학원에서 수학하고 있거나 진학하고자 하는 외국인의 수가 더욱 증가하고 있는 추세입니다. 외국인 학생들에게 한국어 구사 능력은 실생활에서 필요할 뿐만 아니라 대학 학업에 있어서도 성패를 좌우하는 불가결한 기본 수단입니다. 학문 목적의 한국어 교재는 일반 목적의 한국어 교재와 내용 및 구조 측면에서 차별화가 필요합니다. 한국어 학습자의 학습 목적은 한국어 교수 학습 방법은 물론 교재화 방식을 결정하는 중요한 변수 중 하나이기 때문입니다.

이러한 사실에 초점을 맞추어 서울대학교 언어교육원 한국어교육센터에서는 외국인 유학생들을 대상으로 한국 대학에서의 학습·연구 활동을 목적으로 하는 새로운 교재를 출간하게 되었습니다. 이 교재는 대학 수학에서 요구되는 기능과 장르를 중심으로 《말하기》, 《듣기》, 《읽기》, 《쓰기》 네 권으로 구성되며, 그중 《말하기》는 다음과 같은 특징을 가지고 있습니다.

첫째, 의사소통 중심의 언어 학습이 이루어질 수 있도록 하는 데 초점을 두었습니다. 특히 말하기 관련 지식 제공보다는 실제적인 학문 목적 의사소통 연습을 수행할 수 있도록 구성하였습니다. 다양한 말하기 활동을 위한 질문이나 과제들로 구성하여 학습자 집단의 한국어 수준, 관심 분야에 따라서 가능한 활동을 선택적으로 활용하면서 의사소통적인 수업이 가능하도록 하였습니다.

둘째, 기능 중심 교수요목의 원리를 따랐습니다. 이에 따라 각 과에서는 학문 목적 의사소통 상황 및 담화 기능을 유형화하여 연습하도록 하였습니다. 학문 목적 의사소통과 관련된 담화로는 '발표', '토론', '토의', '면담'을 선정하였으며, 이 중 발표와 토론의 비중을 높게 하였습니다. '발표', '토론', '토의'는 학문 연구에 있어서 필수불가결한 기능이며, '면담'은 실제 생활에 필요할 뿐만 아니라 학업 및 연구 목적 사용 빈도가 높아지고 있어 주된 기능에 포함하였습니다.

셋째, 주제 중심 교수요목의 원리를 추구하였습니다. 학문 목적 의사소통은 그 내용에 있어서 특정 주제에 대한 학술적이며 전문적인 성격을 가지므로 전문적인 주제에 대한 깊이 있는 내용을 담은 말하기 연습이 필요합니다. 전체적으로 인문, 사회, 과학 등 다양한 영역에서 15개의 거시적 주제를 선정하였고, 그 안에서도 2~3개의 구체적인 하위 말하기 주제를 선정하여 각 과의 '주제 말하기'에서 연습하도록 하였습니다. 말하기 주제는 전문적인 성격을 가지면서도 학습자들이 흥미를 가지고 말할 수 있는 주제들로 엄선하였습니다. 구체적인 주제별 말하기 활동을 통하여 실제적 말하기가 가능할 뿐만 아니라, 관련된 어휘 및 표현도 함께 익힐 수 있을 것입니다.

넷째, 풍부하며 실제적인 말하기 활동을 강조하면서도 각 발화의 정확성과 완성도 역시 추구해야 한다고 보아 각 과의 부분마다 적절한 언어 자원이나 발화 구성 요소들에 대해 안내하였습니다. 고급 수준의 발화를 위해서는 적절한 어휘 및 문법을 사용하고 또 적절한 발화 구조를 갖추는 것이 중요하기 때문입니다. 이에 따라 '주제 말하기'에서는 주제 관련 고급 수준의 어휘는 읽기 자료나 '보기'의 표현으로, 말하기를 위한 간단한 발화 구조 및 표현은 표로 제시하였습니다. '과제 말하기'에서도 해당 담화 기능에 걸맞은 발화 구조 및 표현을 표로 제시하였습니다. 과제를 수행하면서 학습자들은 보다 고급 수준의 한국어 말하기 능력을 갖출 수 있게 될 것입니다.

이 책이 완성되기까지 많은 분들의 노력과 수고가 있었습니다. 오랜 기간에 걸쳐 이루어진 집필 및 출판 과정에서 이분들의 도움이 아니었다면 책이 만들어질 수 없었을 것입니다. 본 교재를 기획하고 기본 틀을 잡는 데 기여하신 최은규 선생님, 집필 초기에 참여한 최지영 선생님, 연구반 수업에서 사용하며 많은 조언을 해주신 안경화, 정인아, 김민애, 최지훈 선생님의 노고에 감사를 드립니다. 아울러 책이 출판되기까지 오랜 기간 동안 직업을 도와주신 서울대학교출판문화원의 김종서, 권석만 전 원장님과 박진수 현 원장님, 그리고 관계자 여러분께도 고마운 마음을 전합니다.

2018년 1월
저자 일동

일러두기

《서울대 한국어+ 학문 목적 말하기》는 총 15개 과로 이루어져 있으며, 각 과는 다음과 같이 구성됩니다.

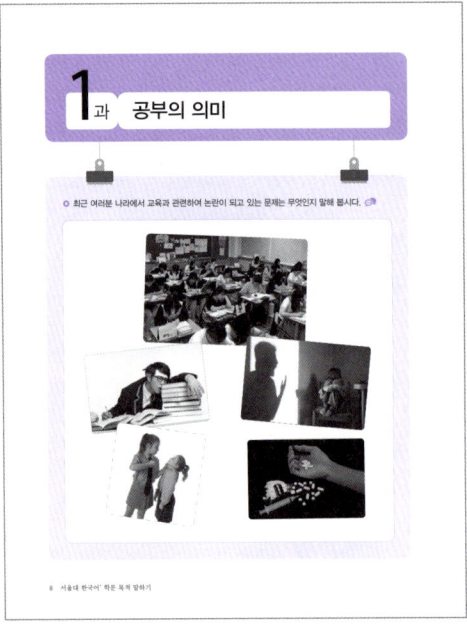

들어가기

시각 자료와 관련 질문을 통해 해당 단원의 주제를 도입합니다.

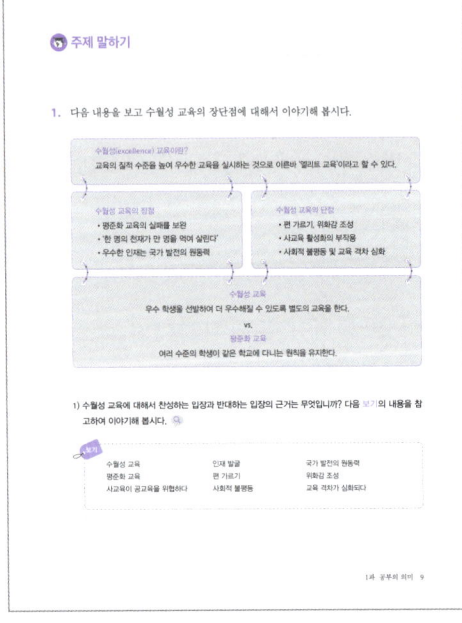

주제 말하기

주제와 관련된 다양한 내용에 대해 말하기 활동을 합니다.

> **수업 진행을 위한 안내**
> - 자료 요약 및 해석, 자신이 알고 있는 정보나 자신의 의견 등을 풍부하게 말하도록 합니다.
> - 주제에 맞는 적절한 어휘 및 표현을 익혀서 활용할 수 있도록 합니다.

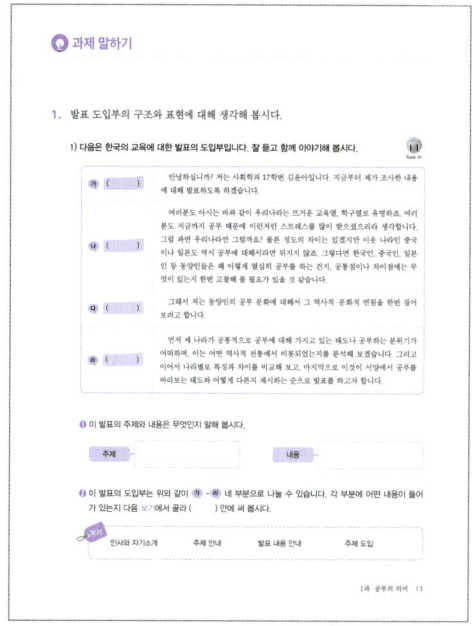

과제 말하기

담화 기능을 기르기 위한 말하기 활동을 합니다.

- **수업 진행을 위한 안내**
  - 최종 과제 수행에 앞서 해당 담화 기능이 활용된 말하기 사례를 모범 예시로 하여 그 구조와 표현을 파악합니다.
  - 최종 과제 수행 시에는 '주제 말하기' 부분에서 구축된 내용 자원 및 언어 자원을 활용하고 담화 기능에 걸맞은 내용과 구조를 갖추어 수준 높은 발화 연습을 할 수 있게 합니다.

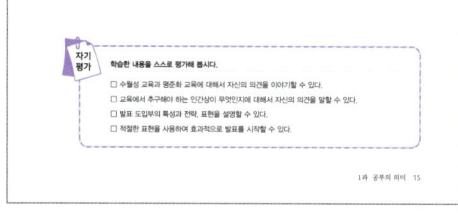

자기 평가

학습 성취도를 스스로 점검합니다.

말하기 활동 활용 방법

각 말하기 활동 지시문 뒤에 붙은 아이콘은 권장되는 말하기 활동 방식을 보여 줍니다.

- 듣거나 읽은 내용을 이해하고 자신의 언어로 다시 설명하는 활동입니다. 내용과 관련된 어휘 및 표현 활용 능력, 학술적 내용에 대한 설명 능력을 기르도록 합니다.

- 학생들이 가진 생각, 의견, 정보 등을 교환하며 비교적 자유롭게 말하는 활동입니다. 기본적으로 유창성을 기르는 연습이 되며, 다른 활동을 위한 배경 지식 활성화 및 준비 단계로도 활용할 수 있습니다.

- 준비 시간을 가진 뒤 형식을 갖추어 학생 개개인이 일정 시간 동안 발표하는 활동입니다. 학술적 말하기 상황에 걸맞은 격식성, 정확성, 논리성을 갖추어 말할 수 있도록 합니다.

교재 구성표

단원	주제 말하기	과제 말하기
1과 공부의 의미	• 수월성 교육과 평준화 교육 • 교육에서 추구해야 할 인간상	발표 – 도입하기
2과 공장식 축산과 동물 윤리	• 공장식 축산의 실태와 문제점 • 동물 복지 증진 방안	발표 – 연결하기
3과 표준어와 지역어	• 지역어의 특징과 가치 • 지역어 보존 정책	발표 – 참고 자료 활용하기
4과 예술과 삶	• 생활 예술의 개념과 가치 • 생활 예술 프로젝트 기획	발표 – 마무리하기
5과 문학과 시대정신	• 춘향전의 줄거리와 의의 • 고전 작품 패러디	발표 – 청자와 소통하기
6과 소비자와 마케팅	• 소비에 영향을 미치는 요인 • 대상별·상품별 마케팅 방안	발표 – 질의 응답하기
7과 환경과 에너지	• 환경 문제와 원인 • 대학 내 에너지 문제 개선 방안	토의 – 의견 제안하기
8과 청년과 정치	• 젊은 세대의 특징과 어려움 • 젊은 세대의 정치 참여	토의 – 상대방 고려하여 말하기
9과 제주의 풍경	• 매력적인 관광지의 조건 • 관광지 개발에 따른 문제점	토의 – 진행하기
10과 역사 속의 리더십	• 역사 속의 다양한 리더십 유형 • 현대 사회의 리더십	토론 – 입론하기
11과 미래 기술과 인류	• 미래의 로봇 • 로봇과 관련된 윤리 문제 • 로봇과 인간	토론 – 주장 강화하기
12과 스마트 시대의 의사소통	• 인터넷 활용의 장단점 • 인터넷을 통한 의사소통과 인간관계 • 청소년의 스마트폰 사용	토론 – 반론하기
13과 복지의 길	• 실업 문제의 현황과 원인 • 실업 문제 해결의 방향	토론 – 반박하기
14과 행복의 조건	• 한국인의 행복도 • 행복의 정의	토론 – 마무리 발언하기
15과 적성과 진로	• 최근의 직업 선택 경향 • 직업 선택에 관여하는 요인	면담 – 면담하기

차례

머리말	2
일러두기	4
교재 구성표	6

1과	공부의 의미	8
2과	공장식 축산과 동물 윤리	16
3과	표준어와 지역어	24
4과	예술과 삶	32
5과	문학과 시대정신	40
6과	소비자와 마케팅	48
7과	환경과 에너지	58
8과	청년과 정치	66
9과	제주의 풍경	74
10과	역사 속의 리더십	82
11과	미래 기술과 인류	92
12과	스마트 시대의 의사소통	100
13과	복지의 길	110
14과	행복의 조건	118
15과	적성과 진로	128

어휘 색인	138

1과 공부의 의미

○ 최근 여러분 나라에서 교육과 관련하여 논란이 되고 있는 문제는 무엇인지 말해 봅시다.

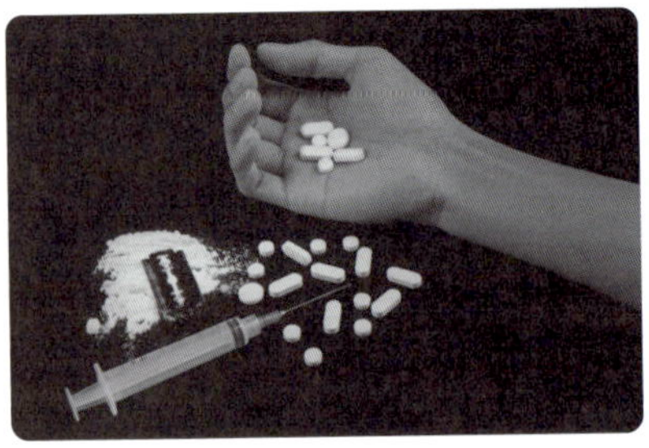

🗣 주제 말하기

1. 다음 내용을 보고 수월성 교육의 장단점에 대해서 이야기해 봅시다.

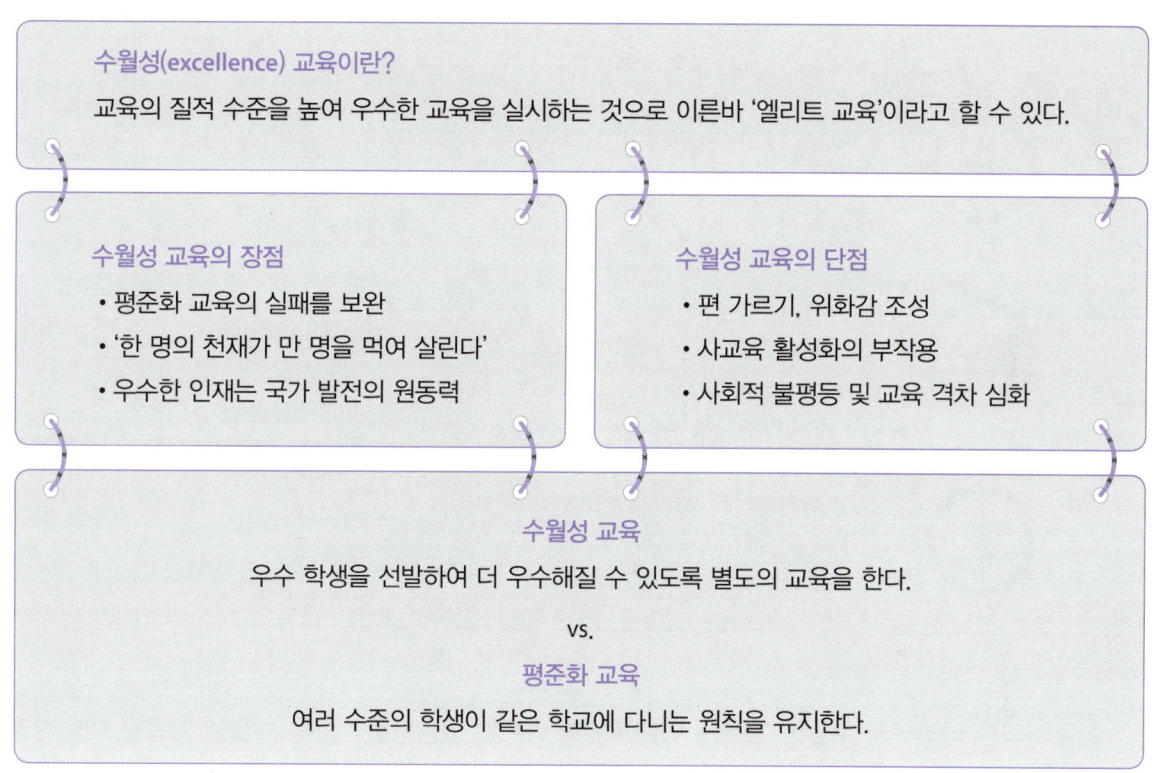

1) 수월성 교육에 대해서 찬성하는 입장과 반대하는 입장의 근거는 무엇입니까? 다음 보기의 내용을 참고하여 이야기해 봅시다. 🔍

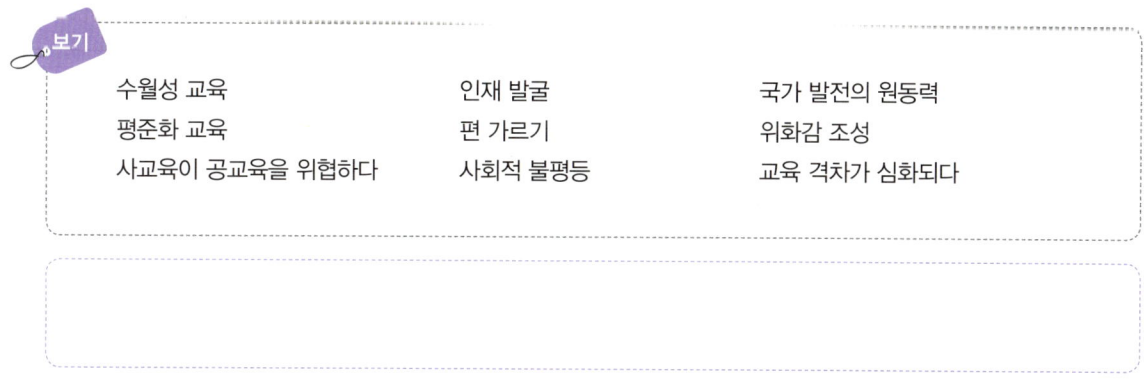

2) 평준화 교육과 수월성 교육 중 어느 쪽을 추구해야 할지 다음 보기의 내용을 참고하여 이야기해 봅시다.

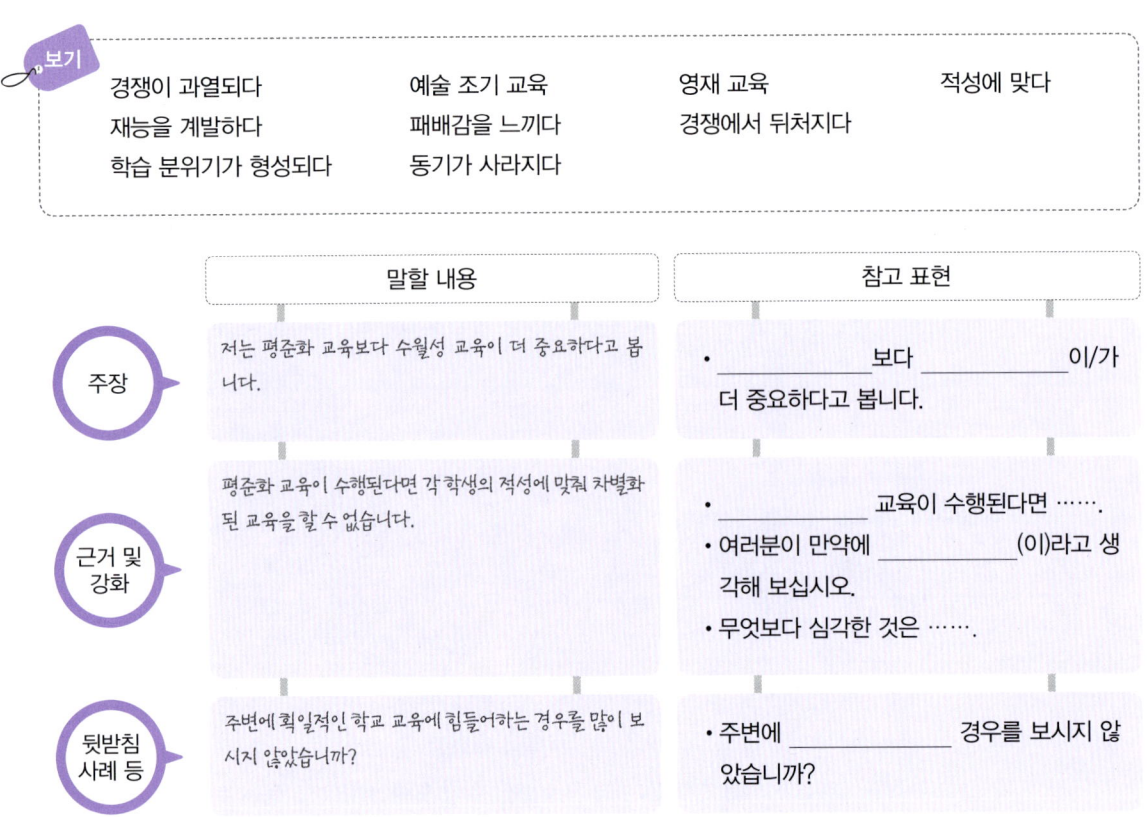

3) 여러분 나라에서 수월성 교육은 어떻게 이루어지고 있습니까? 향후 수월성 교육은 어떻게 이루어지는 것이 좋을지 이야기해 봅시다.

2. 다음 여러 가지 인간상을 보고 교육에서 추구해야 할 인간상은 무엇인지 이야기해 봅시다.

- **홍익인간**: 널리 인간을 이롭게 한다.
- **선비**: 사보다 공을 앞세우며 물질세계보다 정신세계를 추구한다.
- **건강한 신체에 건강한 마음**: 몸이 건강해야 바른 정신이 깃든다.
- **르네상스적 인간**: 다양한 방면을 넘나드는 교양을 가진 사람
- **심미적 인간**: 아름다움을 사랑하고 즐길 줄 아는 사람
- **전인 교육**: 완성된 인성을 갖춘 사람이 되기 위해서는 더 많은 지식을 익히고 습득하여 계속 쌓아가는 교육이 아니라, 자기중심적인 편협된 마음을 모두 버리는 빼기 교육을 통해서 아름다운 본성의 회복이 이루어져야 한다.
- **과학적 인간**: 탐구 정신을 가지며 합리적 사고에 익숙하고 비판적으로 사고할 줄 알며 어떠한 증거나 자료에도 개방적인 자세를 가진 사람. 합리성, 비판성, 개방성, 그리고 자율성과 보편성을 가진 사람
- **신지식인**: 새로운 발상과 창조적인 지식을 활용하여 부가 가치를 창출하는 사람. 21세기 세계화·정보화 시대를 주도할 자율적이고 창의적인 사람

1) 각 인간상이 갖는 특징은 무엇인지 다음 보기의 내용을 참고하여 이야기해 봅시다.

> **보기**
>
> 이타적이다   사회에 공헌하다   윤리적·도덕적이다
> 감수성이 발달하다   탐구 정신을 갖다   창조적 사고를 하다

2) 교육에서 어떤 인간상을 추구해야 하는지 자신의 의견을 이야기해 봅시다. 이 개념이 중요한 이유를 구체적인 사례나 근거를 들어 발표해 봅시다.

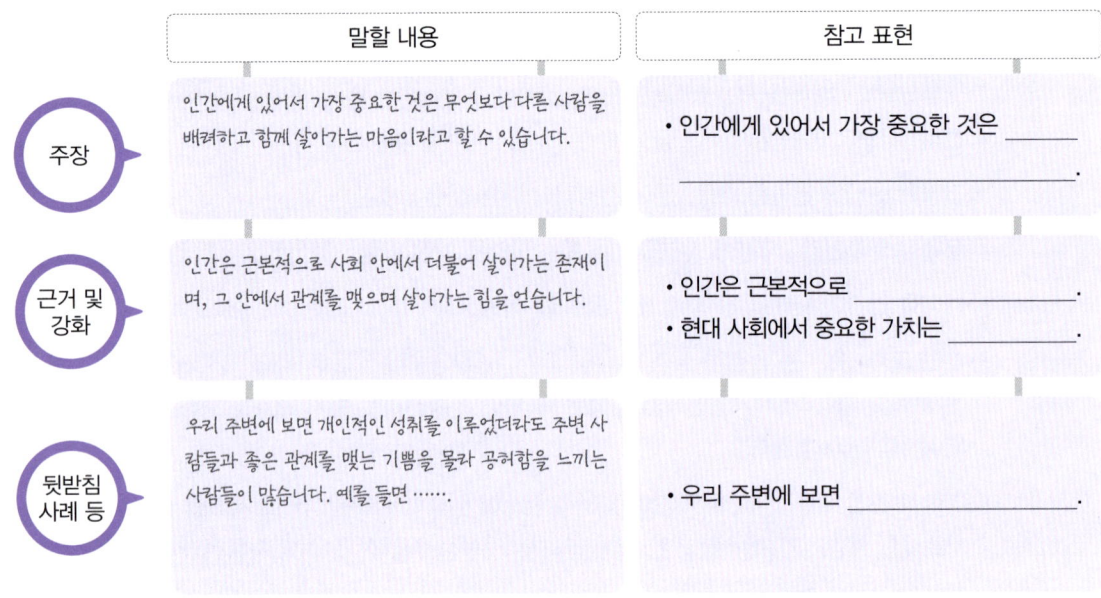

3) 여러분 나라의 전통적 인간상은 무엇입니까? 또 지금은 어떤 인간상을 지향하고 있는지 이야기해 봅시다.

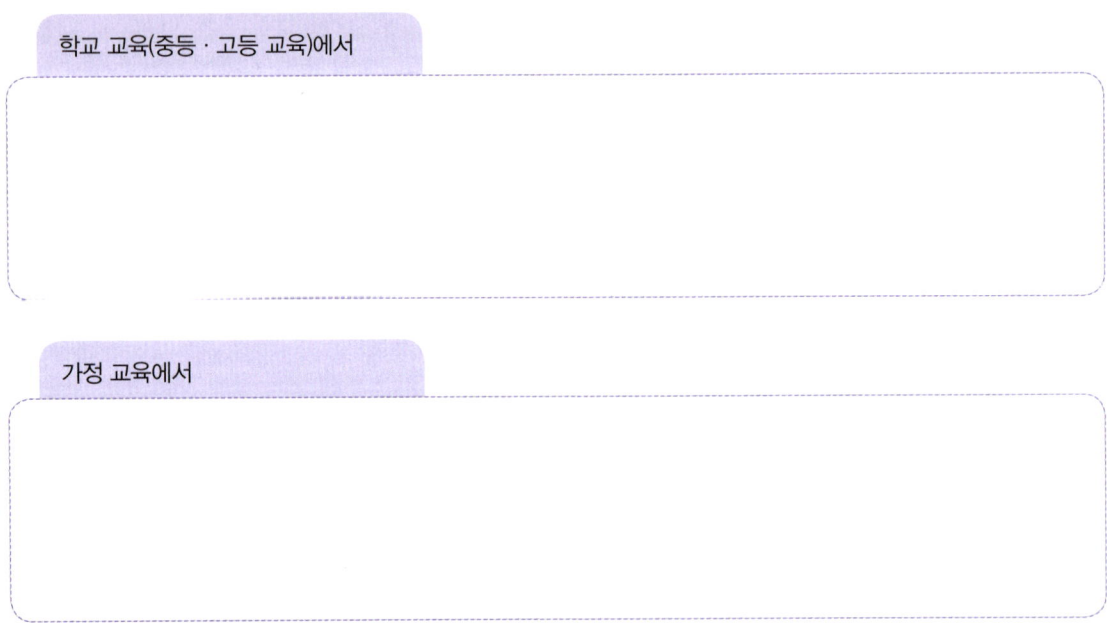

과제 말하기

1. 발표 도입부의 구조와 표현에 대해서 생각해 봅시다.

1) 다음은 한국의 교육에 대한 발표의 도입부입니다. 잘 듣고 함께 이야기해 봅시다.

가 ( )	안녕하십니까? 저는 사회학과 17학번 김윤아입니다. 지금부터 제가 조사한 내용에 대해 발표하도록 하겠습니다.
나 ( )	여러분도 아시는 바와 같이 우리나라는 뜨거운 교육열, 학구열로 유명하죠. 여러분도 지금까지 공부 때문에 이런저런 스트레스를 많이 받으셨으리라 생각합니다. 그럼 과연 우리나라만 그럴까요? 물론 정도의 차이는 있겠지만 이웃 나라인 중국이나 일본도 역시 공부에 대해서라면 뒤지지 않죠. 그렇다면 한국인, 중국인, 일본인 등 동양인들은 왜 이렇게 열심히 공부를 하는 건지, 공통점이나 차이점에는 무엇이 있는지 한번 고찰해 볼 필요가 있을 것 같습니다.
다 ( )	그래서 저는 동양인의 공부 문화에 대해서 그 역사적·문화적 연원을 한번 짚어 보려고 합니다.
라 ( )	먼저 세 나라가 공통적으로 공부에 대해 가지고 있는 태도나 공부하는 분위기가 어떠하며, 이는 어떤 역사적 전통에서 비롯되었는지를 분석해 보겠습니다. 그리고 이어서 나라별로 특징과 차이를 비교해 보고, 마지막으로 이것이 서양에서 공부를 바라보는 태도와 어떻게 다른지 제시하는 순으로 발표를 하고자 합니다.

❶ 이 발표의 주제와 내용은 무엇인지 말해 봅시다.

❷ 이 발표의 도입부는 위와 같이 가 - 라 네 부분으로 나눌 수 있습니다. 각 부분에 어떤 내용이 들어가 있는지 다음 보기에서 골라 ( ) 안에 써 봅시다.

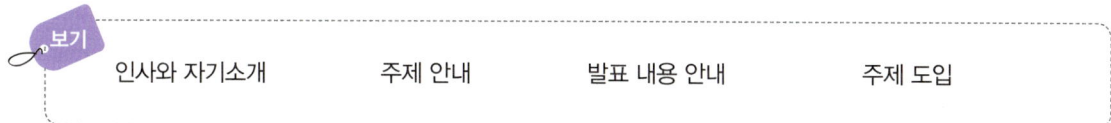

❸ 도입부의 나 에서 주제에 대해 어떤 방식으로 소개하고 있습니까? 이 방식은 효과적입니까?

2) 다음 각 사례들이 어떤 방법으로 발표 주제를 도입하고 있는지 보기 중 적절한 것을 골라 봅시다.

보기

청중에게 질문 최근에 일어난 사회적 문제 호기심 유발

❶ 여기 이 통계를 봐 주십시오. OECD 국가 중 한국이 1등이죠? 무슨 통계일까요?

❷ 최근 한 고등학생이 자신이 유례없는 우수한 성적으로 세계 여러 명문대로부터 입학 허가를 받았다고 가족과 친구들에게 거짓말을 해서 일간지에까지 보도가 된 일이 있었지요. 여러분도 듣고 아마 기분이 착잡하셨을 것 같은데요. 그 학생이 이렇게까지 하게 된 원인은 무엇이었을까요?

❸ 교육이란 무엇인가, 여러분도 한번쯤 생각해 보셨을 것 같은데요. 어떻게 생각하십니까?

3) 성공적인 발표를 위해서는 발표 도입부에서 청중이 내 발표에 집중을 하게 만드는 것이 중요합니다. 발표를 흥미롭게 시작할 수 있는 방법에는 어떤 것이 있는지 이야기해 봅시다.

2. 자신이 관심 있는 부분을 주제로 선정하여 도입부를 발표해 봅시다.

1) 발표 주제를 정해 봅시다.

2) 다음 절차에 따라서 도입 부분을 발표해 봅시다.

	말할 내용	참고 표현
인사 및 발표 시작 알리기		• 안녕하십니까? 저는 오늘 발표를 맡은 OOO입니다. • 지금부터 제가 조사하고 준비한 내용에 대해 발표를 하겠습니다.
주제 제시하기		• 오늘 제 발표는 _____ 에 대한 것입니다. • 저는 오늘 _____ 에 대한 발표를 하려고 합니다. • 저는 오늘 _____ 에 대해서 살펴보도록 하겠습니다. • 저는 오늘 _____ 을/를 중심으로 말씀드리고자 합니다.
발표의 배경 및 필요성 말하기		• 제가 이 발표를 준비하게 된 이유는 _____ 입니다. • 이 주제는 _____ 점에서 매우 중요합니다.
발표 내용 소개하기		• 오늘 저희 발표에서 먼저 _____ 에 대해 살펴보고, _____ 을/를 살펴본 다음, 마지막으로 _____ 에 대해 고찰해 보겠습니다. • 오늘 발표는 먼저 _____ 을/를 이야기하고, 두 번째로 _____ 을/를 살펴본 다음, 마지막으로 _____ 에 대해 말씀드리고자 합니다. • 오늘 제 발표는 _____, _____, _____ 순으로 진행하고자 합니다.

자기 평가

학습한 내용을 스스로 평가해 봅시다.

☐ 수월성 교육과 평준화 교육에 대해서 자신의 의견을 이야기할 수 있다.
☐ 교육에서 추구해야 하는 인간상이 무엇인지에 대해서 자신의 의견을 말할 수 있다.
☐ 발표 도입부의 특성과 전략, 표현을 설명할 수 있다.
☐ 적절한 표현을 사용하여 효과적으로 발표를 시작할 수 있다.

2과 공장식 축산과 동물 윤리

○ 고기 소비량은 어떻게 변하고 있습니까? 그 이유는 무엇이라고 생각하는지 말해 봅시다.

육류, 1인당 얼마나 먹나? (연간, 단위: kg)

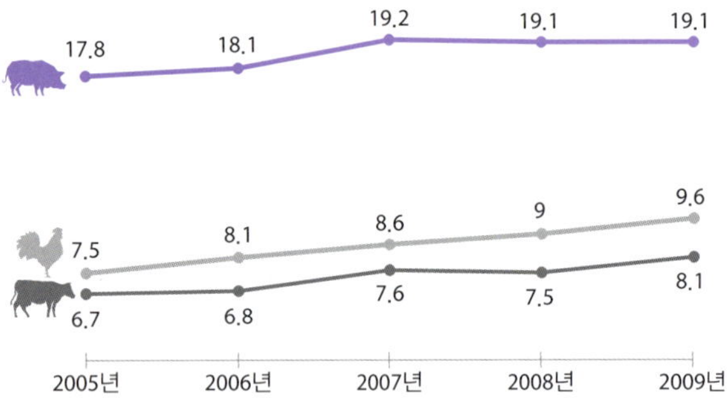

돼지: 17.8 (2005년), 18.1 (2006년), 19.2 (2007년), 19.1 (2008년), 19.1 (2009년)
닭: 7.5, 8.1, 8.6, 9, 9.6
소: 6.7, 6.8, 7.6, 7.5, 8.1

가축 생산액, 얼마나 늘었나? (단위: 억 원)

돼지: 2조 9184 (2002), 2조 6812 (2003), 3조 6668 (2004), 3조 7586 (2005), 3조 6093 (2006), 3조 4778 (2007), 4조 853 (2008), 5조 4734 (2009)

소: 2조 1363 (2002), 2조 4633 (2003), 2조 8937 (2004), 3조 1479 (2005), 3조 2735 (2006), 3조 3197 (2007), 3조 5476 (2008), 4조 948 (2009)

닭: 7294 (2002), 6412 (2003), 9476 (2004), 1조 1132 (2005), 1조 3300 (2006), 1조 275 (2007), 1조 4294 (2008), 2조 229 (2009)

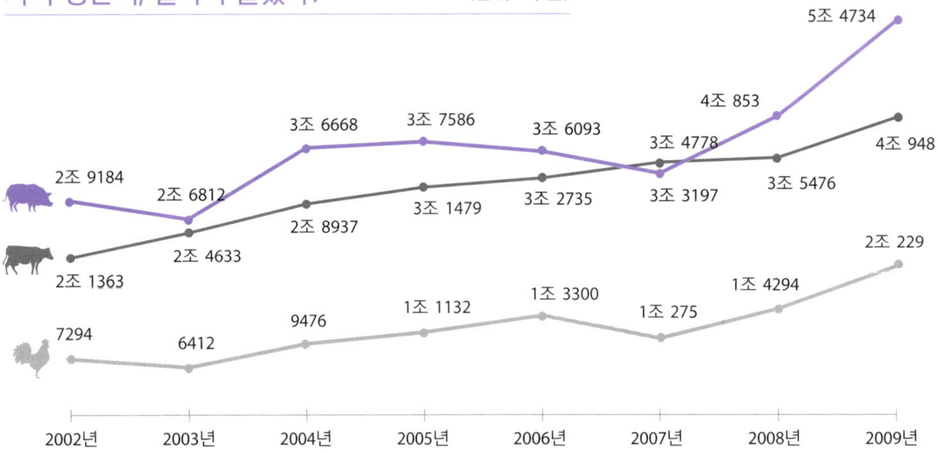

출처: 농림축산식품부 보도자료(2016. 4. 15)
농림축산식품부(2015), 농림축산식품 주요 통계, 344쪽

🐷 주제 말하기

1. 공장식 축산의 실태와 폐해에 대해서 이야기해 봅시다.

   1) 고기 소비 실태에 대해서 이야기해 봅시다. 💬

      ❶ 여러분의 식생활에서 고기가 차지하는 비중은 어떻습니까?

      ❷ 여러분 나라의 식생활에서 고기가 차지하는 비중은 어떻습니까?

      ❸ 적정한 고기 섭취량은 어느 정도라고 생각합니까?

   2) 공장식 축산 시스템에서 동물이 겪는 고통에 대해서 이야기해 봅시다.

      ❶ 다음 그림을 보고 공장식 축산 시스템에서 돼지가 겪는 고통에 대해서 이야기해 봅시다. 🔍

 ▶ 어미 돼지
 ▶ 새끼 돼지
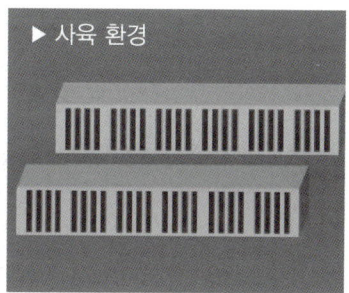 ▶ 사육 환경
 ▶ 운송과 도축 과정
 ▶ 소비자 유통

출처: 동물자유연대 홈페이지
(www.animal.or.kr)
'우리가 몰랐던 돼지의 삶' 중에서

❷ 돼지 외에 다른 동물의 공장식 축산 실태에 대해서 조사하여 말해 봅시다.

❸ 여러분 나라의 공장식 축산 실태는 어떠하며 또 어떤 문제가 생기고 있는지 이야기해 봅시다.

3) 공장식 축산에 따른 문제점에 대해서 이야기해 봅시다.

❶ 공장식 축산의 결과로 여러 영역에 걸쳐 문제들이 발생합니다. 각 영역에서 어떤 문제들이 생기는지 조사해서 이야기해 봅시다.

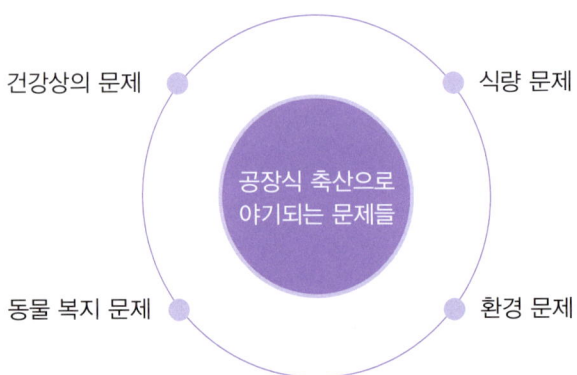

❷ 공장식 축산에 따른 문제점과 그 심각성에 대해서 발표해 봅시다.

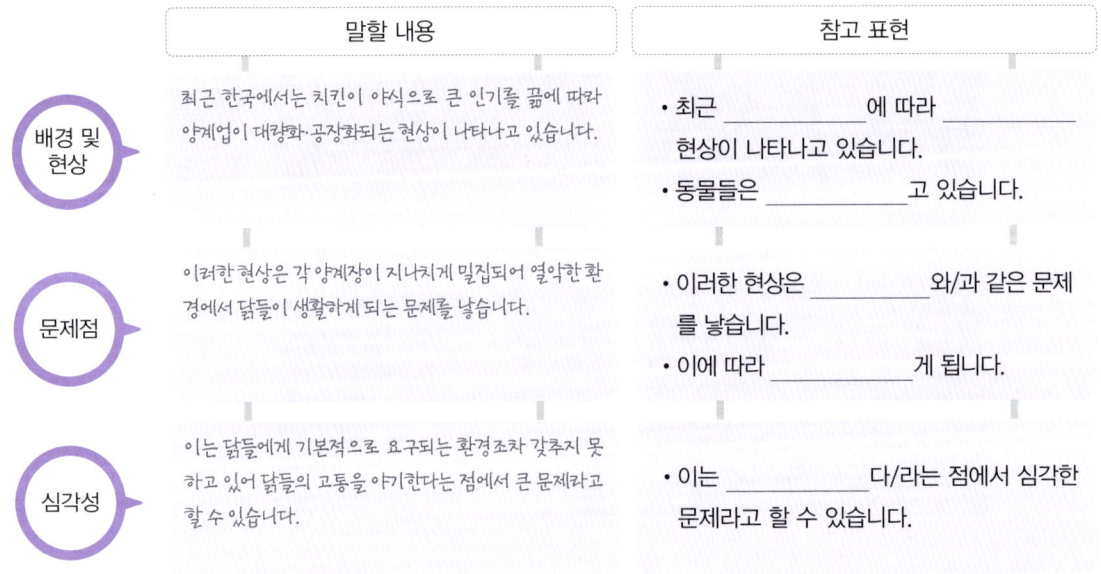

2. 동물 복지를 증진시킬 수 있는 방법에 대해서 이야기해 봅시다.

1) 농장 동물 외에 다른 여러 동물과 관련된 문제에 대해서 이야기해 봅시다.

❶ 다음 보기에 나와 있는 각 동물의 어려움에 대해서 이야기해 봅시다.

| 반려동물 | 실험동물 | 유기 동물 |

❷ 각 동물이 겪고 있는 어려움을 어떻게 해결할 수 있을지 이야기해 봅시다.

2) 다음 글을 읽고 공장식 축산의 문제를 해결할 수 있는 방안에 대해서 생각해 봅시다.

> **동물 복지 인증 제도**
> 높은 수준의 동물 복지 기준에 따라 인도적으로 사육하고 있는 소·돼지·닭·오리 농장 등에 대해 국가에서 인증하고 인증 농장에서 생산되는 축산물에 '동물 복지 축산 농장 인증 마크'를 표시하는 제도이다. 인증을 받으려면 동물의 기본적인 자유인 먹이, 불안과 스트레스, 정상적 행동 표현, 통증·상해·질병의 치료, 편안함의 요건을 갖추어 동물을 사육하여야 한다.

❶ 이 제도가 효과가 있을지 이야기해 봅시다.

❷ 공장식 축산 문제의 해결을 위한 다른 좋은 방법이 있을지 이야기해 봅시다.

❸ 여러분 나라에 동물의 복지 문제를 개선하기 위한 운동이나 정책이 있으면 이야기해 봅시다.

3. 동물 복지 문제를 해결할 수 있는 다른 방법은 무엇일까요?

1) 다양한 입장에서 해결책을 생각해 봅시다.

- 내가 정부의 정책 입안자라면 …….
- 내가 환경 단체 회원이라면 …….
- 내가 농장주라면 …….
- 내가 소비자라면 …….

2) 해결 방안을 발표해 봅시다.

	말할 내용	참고 표현
문제 상황		• 현재 _____ 와/과 같은 어려움이 있습니다. 이러한 어려움에 따라 _____ 기도 합니다.
해결 방안 제시		• 저는 _____ 방안을 제안합니다.
해결 방안 제시의 이유		• 앞서 살펴본 현상에 따르면 _____. 이 방안은 _____ 보다 _____. • 앞서 _____ 와/과 같은 방안을 제기한 바 있지만, 이는 _____. 이러한 방안을 통해서 _____ 수 있을 것입니다.

과제 말하기

1. 발표에서 연결하는 표현에 대해서 생각해 봅시다.

1) 다음 '공장식 축산'에 대한 발표의 일부를 듣고 물음에 답해 봅시다.

가	①본격적으로 들어가기 전에 먼저 각국의 육류 소비량 추이와 이에 따른 공장식 축산의 실태에 대해서 말씀드리겠습니다. 육류 섭취 추이는 국내와 국외의 경우로 구분해서 분류를 해 보았습니다. 이 그래프를 보시면 룩셈부르크는 우리보다 두 배 이상으로 고기를 많이 먹고요, 미국하고 호주도 1인당 육류 소비량이 매우 많습니다. 하지만 한국의 경우도 꾸준히 육류 소비량이 늘고 있죠. …… 지금까지 전 세계의 육류 소비량 추이를 말씀드렸는데요, 정리하면 ②세계적으로 고기 소비량 증가가 두드러지고 있고, 앞서 보신 바와 같이 한국의 경우에도 소비량이 지속적으로 증가하고 있다고 할 수 있습니다.
나	그렇다면 소비량이 늘게 되면 어떤 문제가 생길까요? 사실 개인적으로 보면 고기를 먹으면 단백질 보충도 되고 속도 든든하고 맛있고 다 좋지요. 그런데 문제는 이렇게 우리가 고기를 많이 먹으면 그만큼 많이 생산을 해야 된다는 것입니다. 고기를 한꺼번에 많이 생산하려면 축산업 규모가 커져야 하고, 소위 말하는 공장식 가축 사육 시스템이 도입될 수밖에 없습니다. 공장이란 게 대규모로 물건을 찍어내는 거잖아요. 그러니까 고기도 이런 식으로 최대한 많이 만들어내는 데에 초점을 맞추게 된다는 겁니다. ③그럼 다음 순서에서는 본격적으로 그 폐해에 대해서 살펴보도록 하겠습니다.

❶ 각 부분의 요지를 간단하게 정리해서 말해 봅시다.

　가 한국의 육류 소비량은 _____ .

　나 우리가 고기를 많이 먹으면 _____ .

❷ 밑줄 친 ①–③은 각각 어떤 역할을 하는지 다음 보기 중에서 골라 봅시다.

　　앞서 말한 내용 정리　　　다음 화제 예고　　　말할 내용 안내

① _____ ② _____ ③ _____

2) 다음과 같이 개요를 발표하려고 합니다. 연결하는 표현을 적절히 사용해서 발표문을 완성해 봅시다.

공장식 축산의 문제점
- 도입: _____
- 요인 1: 분뇨와 악취 → 환경 오염
- 요인 2: 가축 질병 → 사람에게 전염
- 요인 3: 동물 건강 악화 → 식품 안전성 저하

| 도입 | _____ |

| 요인 1 | _____ 사실 우리가 쓰레기를 줄이자, 에너지를 절약하자 하면서 환경 운동 같은 것도 많이 하는데, 고기를 많이 먹어서 유발되는 이 공장식 축산이 실질적으로 우리가 사는 지구에 가장 악영향을 주는 요인입니다. …… |

| 요인 2 | _____ 아무래도 열악한 사육 환경에 있다 보니 가축들에서 질병이 쉽게 발생하게 됩니다. 여러분도 뉴스로 자주 접하시는 AI나 구제역 같은 것이 다 관련이 되죠. …… |

| 요인 3 | _____ 이게 동물들의 생리 구조에 맞게 사육 환경을 조성해 주는 게 아니라, 말하자면 인간의 관점에 동물을 맞추는 것이기 때문에 동물의 건강에 맞는 수준의 조건을 보장하지 못합니다. 이렇게 생산된 고기가 우리 몸에 좋을 거라고 생각할 수도 없을 테고요. 이에 따라 축산물 안전에 대한 논란도 끝이지 않습니다. …… |

2. 동물의 복지를 증진할 수 있는 방안에 대해서 발표해 봅시다.

1) 구체적인 방안을 생각해 봅시다. 💬

> 예) 고기 먹지 않는 날 정하기

를 통해 자신의 감정을 잘 표현할 줄 아는 아이죠. 그래서 저는 성운이가 작가가 되는 꿈을 이룰 수 있을 거라고 믿습니다.

박청강 선생님은 성운이를 칭찬하며 따뜻한 미소를 지었다. 화면 속 성운이는 박청강 선생님의 칭찬에 쑥스러워하며 웃음을 지으며 고마운 마음을 표현했다.

- 선생님 덕분에 제가 글을 더 좋아하게 되었어요. 선생님이 계속해서 저를 응원해 주셨기 때문에 여기까지 올 수 있었던 것 같습니다.

"진짜 대단하네, 방송인데 말도 술술 잘하고."
"글을 잘 쓰니까 나중에 진짜 작가 될 수 있겠어."
친구들은 저마다 감상을 나누며 성운이의 모습을 자랑스럽게 지켜봤다. 그렇게 감동적인 여러 사연이 소개되고 난 뒤 방송이 끝나자 교실 안은 조용해졌다. 성운이 이야기에 모두가 깊은 여운을 느꼈기 때문이다.
담임선생님이 미소를 지으며 말했다.
"성운이는 정말 자랑스러운 학생이다. 그동안 묵묵히 노력해 온 결과를 우리가 함께 지켜본 느낌이네. 성운이가 들

2) 연결하는 표현을 사용하여 발표해 봅시다.

	말할 내용	참고 표현
도입 및 안내		• 그럼 지금부터 –에 대해 말씀드리겠습니다. • –을/를 –(으)로 분류를 했습니다. • –은/는 두 가지로 나눌 수 있는데요.
구체적인 방법		**순서 안내** • 우선, 그다음에, 마지막으로 ……. • 다음은 –인데요. **앞선 내용과 연결** • 아까 살펴본 바와 같이, • 앞에 제시되었던 내용과 관련지어 본다면, • 수업 시간에 논의되었던 바와 같이,
마무리		• 이상으로 –에 대해서 살펴봤는데요. • 지금까지의 내용을 정리해 보면 …….

자기 평가

학습한 내용을 스스로 평가해 봅시다.

☐ 공장식 축산으로 나타나는 문제점을 이야기할 수 있다.
☐ 과도한 육류 소비의 문제점과 동물 복지의 개념을 설명할 수 있다.
☐ 자연스러운 발표를 위해 연결 표현을 사용할 수 있다.
☐ 내용 구조를 안내하며 효과적으로 발표할 수 있다.

3과 표준어와 지역어

○ 한국 지역어(사투리)를 들어본 적이 있습니까? 어느 지방의 지역어였는지 이야기해 봅시다.

현대 한국어: 가위

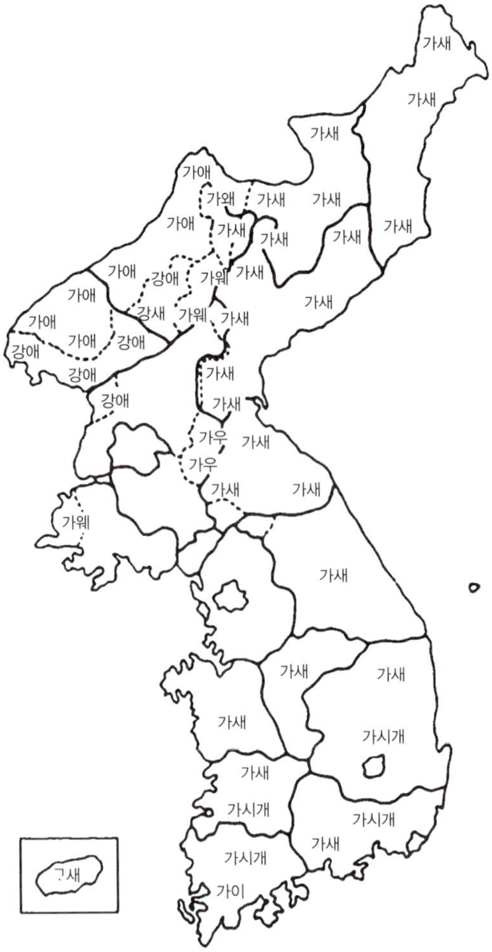

김병제, 『조선언어지리학시고』(평양: 과학백과사전종합출판사, 1988: 241)
(정승철 외, 『전국 방언 지도 제작』, 국립국어원 보고서(2015: 15)에서 재인용)

주제 말하기

1. 지역어의 개념과 가치에 대해서 이야기해 봅시다.

   1) 다음은 '지역어'에 대한 발표 PPT의 일부입니다. 잘 보고 함께 이야기해 봅시다.

지역어의 개념	• '방언' 또는 '사투리'라고도 불림. • 어느 한 지방에서만 쓰는 표준어가 아닌 말 • 지역에 따라 독특한 모습을 지니고 있는 말 • 한국에는 전라, 충청, 경상, 강원, 서울, 경기, 제주의 지역어가 있음.
지역어의 가치	● 지역의 독특한 감정이나 정서, 문화와 전통이 담겨 있음. 　• 지역마다 다양한 어휘가 발달함. ● 지역어는 한국어를 구성하는 중요한 자원 　• 각 지역어가 모여 한국어를 구성한다고 할 수 있음. 　• 지역어가 표준어가 되기도 함. 　　예) 지역어에서 표준어가 된 사례: 멍게, 귀밑머리, 강냉이 ● 과거의 한국어가 남아 있음. 　• 국어 연구의 좋은 자료가 됨. 　　예) 구개음화: 김치[짐치], 길[질], 기름[지름] 　• 전설 모음화: 먹이다[멕이다], 고기[괴기] 　• 옛말 어휘: 여시(여우), 새비(새우), 가실(가을) 　• 불규칙 용언 → 규칙 용언: 더버(더워), 무서버(무서워)

❶ 지역어의 개념은 무엇이며 그 가치는 무엇인지 다음 보기를 토대로 이야기해 봅시다.

보기:　사투리　　지역 문화　　다양성　　풍부성　　역사성

❷ 각 지역어는 어떤 특징을 가지고 있는지 다음 보기에 대해서 이야기해 봅시다.

> 보기
>
> 발음·억양   어휘   문법

한국어의 여러 지역어의 특징에 대해서 이야기해 봅시다.

여러분 나라의 다양한 지역어에 대해서 소개해 봅시다.

2) 자신이 알고 있는 지역어의 특성에 대해서 발표해 봅시다.

	말할 내용	참고 표현
중심 생각	제주도의 지역어는 독특한 자연환경을 반영한 어휘가 많다는 점이 특징입니다.	• _____의 지역어는 _____은/는 특징을 갖습니다.
근거 및 사례	구체적인 사례를 보면 화산 지형으로 낮은 산은 '오름'이라는 이름을 가지고 있습니다.	• 구체적인 사례를 보면 _____.
정리 및 마무리	이러한 특성은 지역 문화유산으로서의 가치를 갖습니다.	• 이러한 특성은 _____ 가치를 갖습니다.

2. 지역어 유지 정책에 대해서 이야기해 봅시다.

1) 지역어의 유지에 걸림돌이 되고 있는 요인은 무엇인지 다음 보기를 참고하여 이야기해 봅시다.

| 매체에서의 사용 | 교육 | 부정적 인식 | 수도권 중시 의식 |

2) 다음 표를 보고 표준어 정책의 장단점에 대해서 이야기해 봅시다.

표준어 정책 찬반 의견

찬성 입장
- 표준어는 전 국민의 원활한 의사소통 수단이 된다.
- 표준어를 통해 통일적이고 일관성 있는 교육이 가능하며, 또한 대중적 정보 전달과 공통 문화 형성을 가능하게 할 수 있다.

반대 입장
- 표준어가 지나치게 권력화되어 표준어는 좋은 말이고 올바른 말이며, 지역어는 나쁜 말, 잘못된 말이라고 보는 인식이 생겨날 수 있다.
- 표준어 중심의 획일적 언어 정책은 소중한 지역 문화유산을 소멸시키는 결과를 낳을 수 있다.

표준어 정책의 장점은 무엇입니까?

표준어 정책의 단점은 무엇입니까?

3) 여러분 나라의 언어 정책과 관련해서 어떤 논란이 있는지 이야기해 봅시다.

> 여러분 나라의 지역어 사용 현황은 어떻습니까?

> 여러분 나라의 언어 사용 정책은 어떠하며 어떤 논란이 있습니까?

4) 지역어 교육 및 사용에 대한 여러분의 생각을 이야기해 봅시다.

	말할 내용	참고 표현
중심 생각		• 저는 _____ 아/어야 한다고 생각합니다.
근거 및 사례		• 최근 _____ 이/가 심해지고 있습니다. • 결국 _____ 결과를 낳게 될 수도 있습니다. • _____ 은/는 매우 소중한 자원으로 지켜나가야 할 가치가 있습니다.
정리 및 마무리		• 따라서 _____ 을/를 통해서 _____ 할 필요가 있습니다.

5) 언어 정책의 방향에 대해서 찬반 입장을 정하여 의견을 말해 봅시다.

특정 지역어에 공식적 지위를 부여하는 표준어/공통어 정책을 폐지해야 한다.

찬성 vs. 반대

지역 방송이나 학교에서는 표준어가 아니라 지역어로 방송 및 교육해야 한다.

찬성 vs. 반대

과제 말하기

1. 발표에서 자료를 제시하고 설명하는 부분의 구조와 표현에 대해서 생각해 봅시다.

1) 다음은 지역어의 중요성에 대한 발표의 한 부분입니다. 잘 듣고 함께 이야기해 봅시다.

가 ( )	그러니까 지역어를 통해서 한국어 어휘의 역사적 변천 과정을 알 수 있다는 건데요. 여기 방언 지도를 한번 보시겠습니다.
나 ( )	이 그림에서 보시다시피 이 단어들은 모두 가위를 나타내는 말입니다. 먼저 위쪽 지방부터 보면 가새, 강새, 가에, 강에, 가우 등 다양하죠? 중부 지방에 보면 가새가 많이 보이고, 남부 지방에 보면 가시개, 가이도 나타나고 있습니다.
다 ( )	전체적으로 가새라고 많이 사용되고 있는데, 왜 이런 지역어 어휘가 사용되고 있는 걸까요? 바로 이 가새, 가시개, 이런 어휘가 원래 가위의 의미로 중세 시대에 사용되었다고 추정되는 것들입니다. 그 이후 여러 자모의 발음이 변화되고, 특히 '우' 소리가 첨가됨에 따라서 지금의 가위 형태에 이르게 된 것이죠.
라 ( )	이렇게 예전의 한국어 형태가 지역어에 고스란히 남아 있기 때문에, 이를 통해서 한국어의 변천을 연구하는 데 도움이 되지요. 즉 이런 지역어 어휘들은 선조들이 사용했던 살아 있는 한국어의 역사라고 할 수 있습니다. 신기하지 않습니까?

김병제, 『조선언어지리학시고』(평양: 과학백과사전종합출판사, 1988: 241)
(정승철 외, 『전국 방언 지도 제작』, 국립국어원 보고서(2015: 15)에서 재인용)

❶ 이 부분의 중심 내용은 무엇인지 말해 봅시다.

❷ 이 발표는 위와 같이 가 - 라 네 부분으로 나눌 수 있습니다. 각 부분에 어떤 내용이 들어가 있는지 다음 보기에서 골라 ( ) 안에 써 봅시다.

2. 다음은 지역어가 사라지고 있는 실태를 발표하기 위해 만든 PPT 자료입니다. 자료를 보면서 이 부분을 발표하는 연습을 해 봅시다.

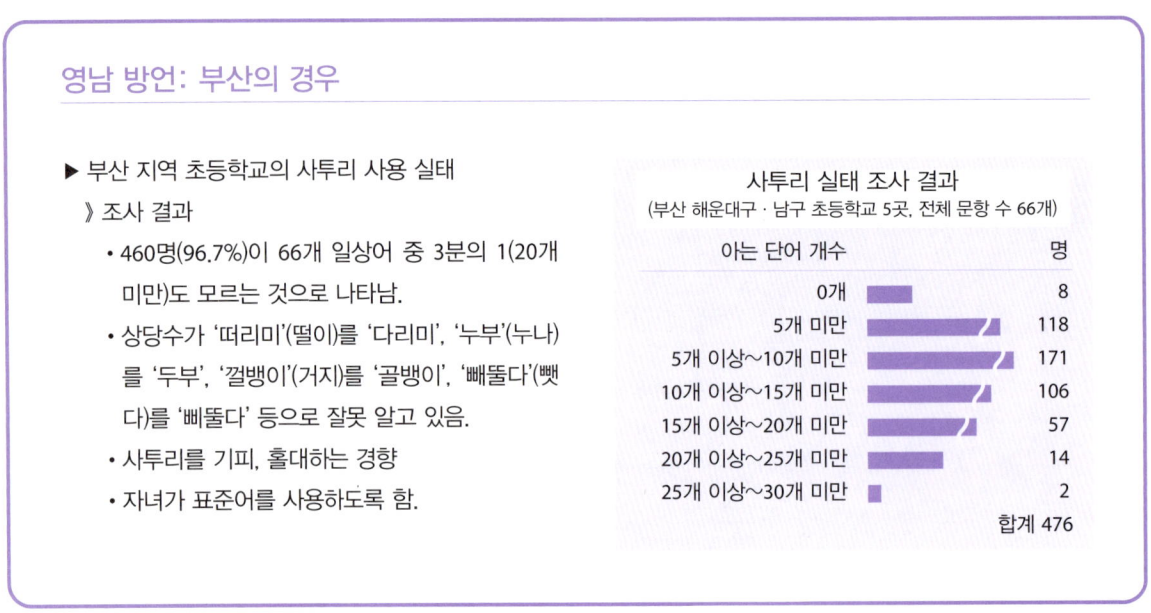

부산일보(2013. 2. 18), '부산 사투리 실태조사', 김종균 · 이호진 · 김영한 · 이현정 기자

3. 다양한 언어 사용 현상에 관련된 주제를 정하여 구체적인 자료를 제시하며 발표해 봅시다.

1) 어떤 내용의 자료가 필요합니까?

2) 어떤 유형의 자료가 필요합니까? 다음 보기를 참고하여 이야기해 봅시다.

❶ 각 유형의 자료를 제시하였을 때의 장단점에 대해서 이야기해 봅시다.

❷ 발표 내용에 가장 알맞은 유형의 자료는 무엇일지 정해 봅시다.

3) 자료를 준비하고 이를 활용하여 발표해 봅시다.

	말할 내용	참고 표현
도입		• 여러분의 이해를 돕기 위해 _____을/를 준비했습니다. • _____이/가 있어서 가져와 봤습니다. • 먼저 _____ 한번 들어보시겠습니다.
제시 및 설명		• 여기서는 사투리가 자막 처리가 되어 나오고 있는데 ……. • 여기서 보시다시피 ……. • 이 표에서 한눈에 보실 수 있는 것처럼 ……. • 이 영상에서도 알 수 있는 것과 같이 ……. • 이 노래에서 들으신 바와 같이 …….
의견 부연		• –을/를 보면 – 을/를 알 수 있습니다. • –은/는 것은 바로 –(이)라는 것을 보여 줍니다. • 즉 여기서 – 은/는 –(이)라고 할 수 있습니다. • 이런 사례들에서 보면 – 인 것입니다. • 특히 여기서 중요한 점은 –(이)라는 점입니다. • 저는 –(이)라고 생각을 하고 있습니다. • 개인적으로 –된다고 봅니다. • 제가 볼 때는 / 제가 드리고 싶은 말씀은 ……. • 제 생각에는 – 것 같습니다.

자기 평가

학습한 내용을 스스로 평가해 봅시다.

☐ 지역어의 가치에 대한 생각을 말할 수 있다.
☐ 표준어와 지역어 정책에 대한 토론에 참여할 수 있다.
☐ 발표에 필요한 핸드아웃과 PPT를 적절한 형식으로 작성할 수 있다.
☐ 내용 전달에 도움이 되는 자료를 적절하게 활용하여 발표할 수 있다.

4과 예술과 삶

- 여러분은 평소 스트레스를 풀기 위해 어떤 여가 활동을 하고 있습니까? 이야기해 봅시다.

🗣 주제 말하기

1. 생활 속 예술 활동에 대해서 이야기해 봅시다.

1) 다음 자료를 보고 생활 예술이란 무엇인지 이야기해 봅시다. 🔍

> ### 생활 예술
>
> - **개념**
>   - 기존 예술: 전문 예술가들의 전유물로 대중은 예술 작품을 수동적으로 향유함.
>   - 생활 예술:
>   》 예술이 특정 집단이나 장소에서만 이루어지는 것이 아니라 일반 대중의 생활 속에서 일어날 수 있는 활동이 됨.
>   》 대중은 수동적 예술 향유자가 아니라 능동적인 예술의 생산 주체로 변모함으로써 대리 만족에 머무르지 않고 스스로 아마추어 예술가가 되고자 함.
> - **현상**
>   - 아마추어 예술 동아리의 확산
>   - 스마트폰과 개인 미디어, 소셜 미디어 등을 통해 예술 콘텐츠를 직접 생산 및 유통시킴.
> - **효과**
>   - 자신의 삶을 아름답게 가꾸고자 하는 욕구 표출
>   - 자기 개발, 사회적 유대, 여가와 유흥을 통해 개인의 건강과 복리 향상
>   - 공동체의 결속을 도모하며 상당한 경제적 가치 창출

❶ 생활 예술은 무엇이며 어떤 효과를 낳는지 이야기해 봅시다.

❷ 생활 예술에서 대중의 역할은 기존 예술에 비교하여 어떻게 변했습니까?

	→	

2) 생활 예술의 현황에 대해서 이야기해 봅시다.

❶ 여러분 생활 속에서 또는 주위에서 관찰할 수 있었던 생활 예술의 사례에 대해서 이야기해 봅시다. (미술, 건축, 음악, 문학 등)

▶ 여러분이 하고 있는 예술 활동, 또는 기회가 생긴다면 여러분이 참여해 보고 싶은 예술 활동은 무엇인지 이야기해 봅시다.

▶ 여러분 나라 사람들의 생활 속에서 인기 있는 예술 활동은 무엇인지 이야기해 봅시다.

❷ 삶 속에서 예술 활동을 적극적으로 향유하는 데에 따른 장점은 무엇입니까? 다음 보기를 참고하여 이야기해 봅시다.

> **보기**
> 삶의 질 향상   스트레스 해소   생산성 향상   예술적 감수성 개발

❸ 생활 속에서 예술 활동을 하기가 어려운 이유는 무엇입니까? 다음 보기를 참고하여 이야기해 봅시다.

> **보기**
> 여건 부족   조기 교육 부족   학업이나 직업으로 인한 시간 부족   공동체 부족

3) 생활 예술에 대한 여러분의 생각을 근거를 들어 이야기해 봅시다.

	말할 내용	참고 표현
현황	최근 각 지역마다 문화나 체육 활동을 중심으로 한 공동체 모임이 많아졌습니다.	• 최근 _____ 아/어졌습니다. • 제 주변에서 보면 _____. • 저만 해도 _____.
가치	제가 보았을 때 이러한 활동은 개인의 여가를 풍요롭게 함으로써 단조로운 일상에 생기를 불어넣어 준다는 장점이 있습니다.	• 제가 보았을 때 이러한 활동은 _____ 함으로써 _____ 준다는 장점이 있습니다.
어려움	하지만 과도한 근무 시간, 취미 활동을 위한 공간의 부족과 같은 요인이 여전히 걸림돌로 작용하고 있습니다.	• 하지만 _____, _____ 와/과 같은 요인들이 여전히 걸림돌로 작용하고 있습니다.

2. 생활 속에서 예술을 향유할 수 있도록 하기 위한 프로젝트를 계획해 봅시다.

1) 다음 보기는 생활 속 예술 프로젝트의 제목입니다. 제목을 보고 어떤 내용의 프로젝트일지 추측해서 말해 봅시다.

> **보기**
> 작가와의 여행
> 우리 지역 설화를 찾아서
> 동네 미술관 / 동네 농산물전
> 전통문화 예술과 함께하는 동네 뒷산 오르기
> 나눔 예술제
> 뮤지컬 창작 체험 교육 프로젝트
> 그림 속 오페라 이야기
> 해설이 있는 움직이는 마을 영화관

2) 여러분 나라에서 생활 속 예술을 느낄 수 있는 정책이나 활동에 대해서 이야기해 봅시다.

3) 다음 각 분야에서 할 수 있는 프로젝트를 생각해 봅시다.

분야	프로젝트
생활 속 예술 작품 전시하기 "우리 동네에 이런 게 있네? 볼 때마다 기분이 좋아져요."	
전시 및 공연 공간 늘리기 '멀리 있는 전시관이나 미술관이 아니라 우리 동네, 우리 지역에서 가깝게 예술을 향유할 수 없을까?'	
예술 교육 기회 늘리기 "배워 보고 싶긴 한데 돈이 많이 들고 시간도 부족하고 좋은 선생님도 찾기 어려울 것 같아요."	
아마추어 예술 활동 지원하기 "취미로 하는 예술 활동인데 어려운 점이 많아요."	
그 외	

4) 어떤 방안이 가장 효과적이라고 생각합니까? 그 이유는 무엇입니까?

> 그 방안이 갖는 장점은 무엇입니까?

> 다른 방안을 선택하지 않은 이유는 무엇입니까?

3. 친구와 함께 생활 예술 촉진 방안 한 가지를 구체적으로 계획하여 발표해 봅시다.

   1) 방안의 명칭을 정해 봅시다.

   2) 구체적으로 어떻게 수행합니까?

   3) 기대되는 효과는 무엇입니까?

   4) 예상되는 어려움은 무엇입니까?

5) 예상되는 어려움을 보완할 수 있는 방법은 무엇입니까?

6) 계획한 내용을 발표해 봅시다.

	말할 내용	참고 표현
제목 및 간단한 소개		• 저희는 _____(이)라는 프로젝트를 제안합니다. • 이것은 _____ 입니다.
구체적인 시행 방안		• 이 프로젝트의 특징은 _____(이)라는 점입니다. • 이렇게 하면 여러 사람들이 _____ 수 있습니다.
예상되는 효과		• 이 프로젝트의 예상되는 효과는 _____ 입니다.
예상되는 어려움		• 하지만 _____ 수도 있습니다. • 현재는 _____ 한 실정입니다.
대비책		• _____(으)면 _____ 수 있을 것입니다. • 이를 대비하기 위하여 _____(으)면 될 것입니다.

4과 예술과 삶

 **과제 말하기**

1. 발표 마무리의 구조와 표현에 대해서 생각해 봅시다.

가 ( )	지금까지 생활 속 예술 공동체의 현황을 살펴보았습니다.
나 ( )	조사해 본 결과 생활 예술 공동체는 교육형, 자발적 예술형, 커뮤니티형, 마을 만들기형으로 나눌 수 있었는데요, 저희는 이 네 가지 예술형이 통합된 형태로 발달되는 것이 좋다고 결론을 내렸습니다. 구체적으로 사람/조직, 공간, 프로그램이 발달될 필요가 있는데, 이를 위해서 전문 인력 조직, 특화된 공간, 프로그램 기획이 필요하다고 봅니다.
다 ( )	이번 발표를 위해 생활 속 예술 활동을 수행해 나가는 시민들, 동아리 구성원들을 보면서 삶의 열정과 활력을 느낄 수 있었습니다. 다들 생업에 바쁘신데도 제각기 개성대로 예술 활동에 참여하는 모습이 놀라웠습니다. 물론 현실적인 어려움도 있지만, 이런 활동이 개인의 삶을 보다 풍요롭게 만들 수 있다는 것은 확실한 것 같습니다. 우리들도 삶에서 예술 활동을 하루에 10분이라도 시작해 보면 좋을 것 같다는 생각이 들었습니다.
라 ( )	이것으로 발표를 마치겠습니다. 발표에 대해서 질문이나 의견이 있으시면 말씀해 주십시오.

경기문화재단(2015), '경기 생활예술공동체 활성화 방안 연구' 결론 부분 요약

1) 이 발표의 주된 내용은 무엇인지 말해 봅시다.

2) 필자는 생활 예술에 대해서 어떻게 보고 있습니까?

3) 이 발표는  네 부분으로 나눌 수 있습니다. 각 부분에 어떤 내용이 들어가 있는지 다음 보기에서 골라 (   ) 안에 써 봅시다.

> **보기**
>
> 발표 내용 요약 및 정리   개인적 소감   발표 종료 알림   질문 유도

2. 발표의 마무리 부분을 준비해 봅시다.

	말할 내용	참고 표현
발표 종료 알림		• 예, 이상으로 발표를 마치겠습니다. • 저희가 준비한 것은 여기까지입니다.
발표 내용 요약 및 정리		• 발표 내용을 한번 정리해 드리겠습니다. • 오늘 발표한 내용을 다시 살펴보면…….
주제 마무리하기		• 결론적으로 –(이)라고 할 수 있습니다.
질문 유도하기		• 질문 있으시면 질문해 주시기 바랍니다.

> **자기 평가**
>
> **학습한 내용을 스스로 평가해 봅시다.**
>
> ☐ 예술 교육의 필요성과 현황, 지원 방안에 대해서 이야기할 수 있다.
> ☐ 생활 예술을 촉진시키기 위한 정책에 대해서 제안하는 말을 할 수 있다.
> ☐ 적절한 표현을 사용하여 발표를 마무리할 수 있다.
> ☐ 발표 마무리 부분을 적절한 구조를 갖추어 말할 수 있다.

5과 문학과 시대정신

- 한국의 고전 소설 《춘향전》은 다양한 장르로 패러디되었습니다. 다음 작품들 중 본 것이 있다면 이야기해 봅시다.

판소리 춘향가

창작 오페라 춘향전

고전 소설 춘향전

발레 춘향

🌐 주제 말하기

1. 다음 내용을 읽고 한국의 고전 소설 《춘향전》에 대해서 이야기해 봅시다.

1) 《춘향전》의 줄거리에 대해서 이야기해 봅시다.

> 《춘향전》은 한국의 대표적인 고전 소설이라고 할 수 있는데, 해학적이고 풍자적이며 조선 후기의 평민 의식을 담고 있는 작품으로 평가됩니다. 작가와 정확한 창작 시기는 알 수 없지만, 옛날부터 전해지던 설화가 판소리로 불리다가 소설로 정착된 것으로 파악되고 있습니다. 판소리, 설화였던 까닭에 기본적인 내용은 같으면서도 부분적으로 내용이 다른 이본이 100여 종 존재한다는 특징이 있습니다.
>
> 배경은 남원으로 주인공 성춘향과 이몽룡을 중심으로 이야기가 펼쳐집니다. 줄거리를 간단히 말씀드리면, 남원에서 기생의 딸 성춘향과 남원 부사의 아들 이몽룡이 단옷날 만나 사랑에 빠지게 되고 혼인하기로 약속을 하죠. 그러나 몽룡은 부친을 따라 한양으로 떠나고 춘향은 홀로 남게 됩니다. 새로 부임한 사또 변학도가 춘향에게 수청 들기를 강요하지만 춘향은 정절을 버릴 수 없다고 거부하고, 이에 화가 난 사또는 춘향을 옥에 가두어 버립니다. 한편 장원 급제하여 어사가 된 몽룡은 신분을 감추고 남원으로 내려오는데, 춘향은 걸인 행색인 몽룡을 보고도 변함없는 사랑을 보여 줍니다. 이후 암행어사 몽룡이 변 사또를 문책한 후 자신의 수청을 들지 않겠느냐고 춘향을 시험하지만, 춘향은 끝까지 절개를 버리지 않습니다. 이후 자신의 신분을 밝힌 몽룡과 춘향이 반가운 재회를 하고, 춘향은 몽룡을 따라 한양으로 올라가 정렬부인이 되어 자손 대대로 부귀영화를 누린다는 이야기입니다.

❶ 등장인물의 특징을 정리하여 말해 봅시다. 🔍

5과 문학과 시대정신 41

❷ 여러분이 춘향이었다면 어떻게 했을까요? 그 이유는 무엇입니까?

2) 조선 후기의 시대상이 《춘향전》에 어떻게 반영되었는지 이야기해 봅시다.

❶ 조선 시대의 사회적 특징에 대해서 이야기해 봅시다.

| 신분 제도 | 유교 사상 |
| 교육 제도 | 문화 |

❷ 조선 후기가 되면서 나타난 사회 현상에 대해서 생각해 보고, 이러한 현상이 《춘향전》에 어떻게 반영되었는지 이야기해 봅시다.

| 신분 제도 전복에 대한 욕망 | 지방 탐관오리 비판 |
| 유교적 정절 의식 | 낭만적 사랑 추구 |

3) 여러분 나라의 대표 문학 작품은 무엇입니까? 당시 시대상을 어떻게 반영하고 있는지 설명해 봅시다.

2. 고전의 패러디에 대해서 이야기해 봅시다.

1) 기존 작품을 패러디한 사례에 대해서 이야기해 봅시다.

❶ 다음 글에서 여러 패러디 작품이 기존 작품을 어떻게 변용하고 있는지 이야기해 봅시다.

- **영화 〈방자전〉**
  고전 소설 《춘향전》에서 춘향이와 사랑한 상대는 사실 이 도령이 아닌 이 도령의 하인 방자였다는 상상에서 출발한다.

- **드라마 〈신데렐라 언니〉**
  동화 〈신데렐라〉에서 주인공 신데렐라를 학대하던 조연인 '계모가 데려온 딸'을 주인공으로 바꿔 놓았다.

- **만화 영화 〈슈렉〉**
  기존 동화 속 왕자와 공주 이야기와는 달리 이 영화의 주인공은 못생기고 뚱뚱한 괴물이다.

❷ 여러분이 알고 있는 패러디 작품에 대해 이야기해 봅시다. 기존 작품의 줄거리를 어떻게 바꾸었습니까?

기존 작품의 줄거리	
바꾼 줄거리	
효과	

❸ 이렇게 기존 문학 작품을 바꾼 패러디 작품이 인기를 끄는 이유는 다음 보기 중 무엇이라고 생각합니까?

> 보기
>
> 시대상 반영   현실성   역발상의 미학

2) 한국 혹은 여러분 나라의 현재 사회상을 반영하여 《춘향전》의 이야기를 패러디해 봅시다.

❶ 여러분이 만들고 싶은 패러디 《춘향전》의 배경은 어떻습니까?

시간적 배경

공간적 배경

❷ 패러디를 통해 여러분이 전달하고 싶은 메시지는 무엇입니까?

❸ 패러디 《춘향전》을 완성해 봅시다.

▶ 등장인물을 어떻게 설정하면 좋을지 이야기해 보고 외모나 성격 등을 입체적으로 만들어 봅시다. 각각의 인물이 기존 작품과는 어떻게 다릅니까? 그렇게 바꾼 이유는 무엇입니까?

▶ 여러분의 메시지를 드러낼 수 있는 줄거리를 구성해 봅시다.

❹ 패러디한 이야기를 발표할 준비를 해 봅시다.

	말할 내용	참고 표현
배경		• 저희는 이야기의 시대적 배경을 _____(으)로 설정했습니다. 이렇게 한 이유는 …….
인물		• 우리의 춘향이는 _____입니다.
줄거리		• 어느 날 춘향이는 _____게 됩니다. 그러자, ……. 그때, ……. 하지만, …….
메시지		• 저희는 이 이야기를 통해서 _____을/를 보여 주고자 했습니다.

5과 문학과 시대정신

과제 말하기

1. 발표할 때 청자와 소통하는 방식과 표현에 대해서 생각해 봅시다.

1) 다음은 《춘향전》에 대한 발표의 일부입니다. 발표 내용을 듣고 함께 이야기해 봅시다.

가
발표자: 여기서 제가 드리고 싶은 질문이 있는데요. 여러분은 '고전 소설' 하면 어떤 작품이 가장 먼저 떠오르십니까? (앞의 청중을 손으로 가리키며) 앞쪽에 계신 분, 뭐가 떠오르세요?
청중 1: 음 …… 《춘향전》이요.
발표자: 네, 《춘향전》. 저도 《춘향전》을 제일 먼저 떠올렸는데요. (다른 청중을 손으로 가리키며) 뒤쪽에 계신 분께도 좀 여쭤보겠습니다. 뭐가 떠오르세요?
청중 2: 저는 …… 《홍길동전》…….
발표자: 네, 《춘향전》, 《홍길동전》, 아주 대표적인 작품이죠. 혹시 다른 작품 떠올리신 분 있나요?

나
발표자: 이 영상은 임권택 감독이 만든 영화 〈춘향뎐〉의 일부 장면인데요. 여기 보시면 조승우 씨가 이몽룡으로 주인공이죠. 가장 중요한 춘향이 역할을 했던 배우는 당시에 엄청난 화제였고 …… 청순하고 예쁘셨는데 …… 제가 이름이 잘 생각이 안 나는 걸로 봐서 그 후로는 활동이 없으신 것 같고요. 혹시 기억나는 분 계십니까?
청중: 이효정이요!
발표자: 아, 기억력 굉장히 좋으시네요. 저는 개인적으로 이 영화를 보면서 참 저렇게 예쁜 춘향이가 별로 멋있지도 않은 몽룡을 왜 저렇게 목숨 바쳐 기다리나 이해가 안 되고. 아, 그 변 사또 역할 하신 분, 제가 보기엔 몽룡보다 더 멋지시던데요. 권력도 가지고 있고, 하하. 이렇게 고전 작품을 현대에 사는 우리들이 볼 때는 이해가 안 가는 부분도 많고 한데요…….

다
발표자: 여러분 모두 《춘향전》 이야기는 너무나 잘 알고 계실 텐데요. 여러분들께서는 이 《춘향전》 줄거리, 특히 춘향의 선택에 대해 어떻게 생각하십니까? 진정 춘향이의 선택에 공감하시는지 궁금합니다.

❶ 발표를 할 때 발표자가 청중과 적극적으로 소통하기 위해 질문을 하는 경우가 많습니다. **가** – **다** 에서 발표자가 청중에게 질문하는 방식에 어떤 특징이 있는지 이야기해 봅시다.

> 예) **가** 에서는 발표자가 특정한 사람을 지목해서 질문하고 있다.

2) 청중의 주의를 집중시키고 청중과 소통하기 위한 여러분만의 방법이 있다면 소개해 봅시다.

2. 《춘향전》을 패러디한 내용을 발표해 봅시다.

1) 다음 보기와 같은 내용으로 《춘향전》을 패러디한 내용에 대한 발표를 준비합시다.

> **보기**
>
> 시대적·공간적 배경   메시지   인물

2) 발표의 각 부분에서 청중과 더 잘 소통할 수 있는 적절한 질문을 만들어 넣어 봅시다. 또 청중이 발표자를 더욱 친근하고 가깝게 느낄 수 있도록 공감하는 말이나 가벼운 농담을 추가해 봅시다.

	말할 내용	참고 표현
도입		• 먼저 질문을 하나 하려고 하는데요. • 혹시 −있으십니까? / 계십니까? • 죄송하지만 잠깐 손 좀 들어 주세요. / 손 한번 들어 보시겠습니까? • 그럼 같이 한번 감상해 보시겠습니다.
배경 및 인물		• 누구나 한 번쯤 생각해 볼 만한 이야기가 아닌가 싶은데요. • 이런 사람, 우리 주변에서 흔히 볼 수 있지 않습니까?
줄거리 및 메시지		• 그다음에 어떻게 될지 궁금하시죠? 과연 현대의 춘향이는 고전의 춘향이와 같은 운명을 가게 될지, 아니면 새로운 길을 가게 될지 ……. • 여러분은 어떠세요. 동시대를 살아가는 사람으로서 춘향이의 이런 행동에 공감이 가시나요?

> **자기 평가**
>
> **학습한 내용을 스스로 평가해 봅시다.**
>
> ☐ 《춘향전》에 등장하는 인물들의 특징과 한국 고전 문학에서 《춘향전》의 의의를 설명할 수 있다.
> ☐ 《춘향전》이 담고 있는 사회 문화적 함의를 이해하고 현대 사회에 적용할 수 있다.
> ☐ 발표를 할 때 청중에게 적절한 질문을 던질 수 있다.
> ☐ 청중이 친근함이나 동질감을 느낄 수 있도록 하는 다양한 전략을 사용할 수 있다.

6과 소비자와 마케팅

○ 여러분이 각 기업에 대해 갖는 이미지에 관하여 이야기해 봅시다. 긍정적인 이미지를 가진 기업과 부정적인 이미지를 가진 기업은 무엇입니까?

🗣 주제 말하기

1. 소비 심리와 마케팅 방법에 대해서 이야기해 봅시다.

1) 여러분의 소비에 영향을 미치는 요인에 대해서 이야기해 봅시다.

제품의 기능과 필요성
- 나에게 진정 필요한 제품인지를 생각하고 해당 제품의 기능과 성능을 두루 고려한다.
- 합리적이고 이성적으로 소비를 결정한다.

소비가 주는 정서적 만족
- 무의식적으로 구매를 결정한 후 행동으로 옮긴다. 무의식적으로 구매를 결정하였지만 자신이 구매하는 정당성을 위해 구매할 제품의 기능이라든가 현재 가지고 있는 제품의 기능이 떨어진다든가 하는 이유를 찾아 자신의 소비를 이성화·합리화하기도 한다.
- 다른 합리적 요소보다 해당 물건을 소비함으로써 갖게 되는 정서적 만족이 중시된다.

제품의 이미지와 가치
- 소비자는 소비를 결정할 때 해당 제품이 자신의 정체성과 일치하는지를 무의식적으로 판단하여, 해당 제품이 자신이 추구하는 정체성과 일치할 때 기꺼이 그 제품을 선택하게 된다.
- 비슷한 성능을 가진 제품이라고 하더라도 해당 제품이 주는 이미지나 사회적 인식을 고려하여 특정 제품을 선호한다.

대중 심리
- 인기인이나 주변인, 여러 사람들의 소비 행위를 신뢰하여 소비를 결정한다. 따라서 유행과 트렌드가 소비에 영향을 미치게 된다.
- 여러 소비자들에 의해 검증된 제품을 선택할 수 있으며, 소비를 통해 해당 공동체의 소속감을 얻을 수 있다.

❶ 여러분의 소비 행위에는 어떤 요인이 강하게 영향을 미칩니까? 자신이 최근 결정한 소비 행위를 되돌아보며 어떤 심리가 드러났는지 이야기해 봅시다. 💬

❷ 다음 각 제품을 구매할 때 소비자의 어떤 심리가 작용하게 되는지 자신이나 주변 사람들의 소비, 고향 나라의 소비 경향 등을 바탕으로 이야기해 봅시다.

생수   스마트폰   가방   자동차

2) 사람들이 소비할 때 어떤 요인이 크게 작용하는지 여러분의 생각을 말해 봅시다.

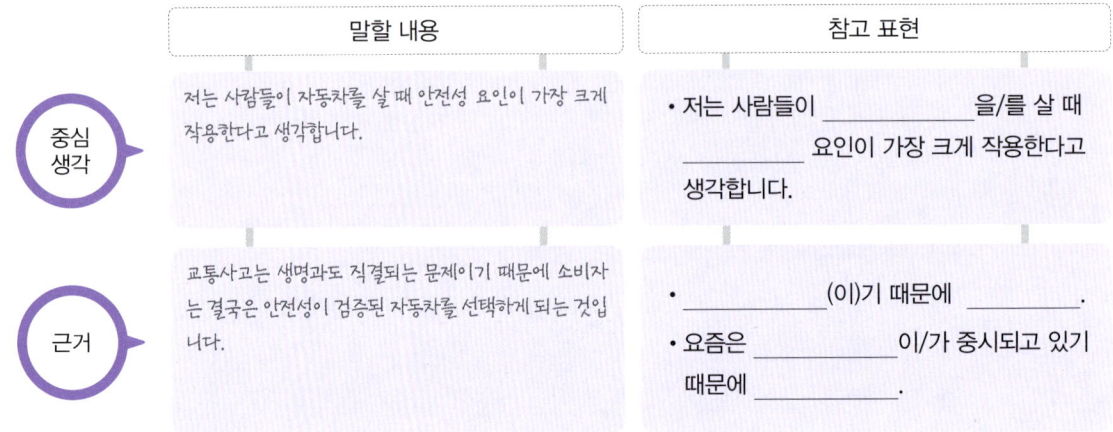

말할 내용	참고 표현
중심 생각: 저는 사람들이 자동차를 살 때 안전성 요인이 가장 크게 작용한다고 생각합니다.	• 저는 사람들이 _____ 을/를 살 때 _____ 요인이 가장 크게 작용한다고 생각합니다.
근거: 교통사고는 생명과도 직결되는 문제이기 때문에 소비자는 결국은 안전성이 검증된 자동차를 선택하게 되는 것입니다.	• _____ (이)기 때문에 _____. • 요즘은 _____ 이/가 중시되고 있기 때문에 _____.

3) 다음 여러 가지 마케팅 전략에 대한 글을 읽고 이야기해 봅시다.

① 스포츠·문화 마케팅: 스포츠 및 문화를 이용한 제품 판매 확대를 목표로 하는 마케팅 기법으로 해당 기업의 이미지에 문화를 덧입힌다.
  예) 올림픽과 아시안 게임, 유니버시아드 게임 등 대규모 스포츠 이벤트 후원, 공연 등 특정 문화 이벤트, 특정 선수나 예술가 후원

② 감성 마케팅: 고객의 감성을 자극하여 관심과 호응을 받아내고 즐거운 경험을 제공하여 감동을 주는 마케팅 방식이다.
  예) 한국의 초코파이 '情' 광고 사례: 단순히 과자로서만이 아니라 다른 사람에게 나누어 주는 정의 따뜻함을 전한다는 메시지를 표현하며, 이를 통해 소비자의 마음을 이끌어냈다.

③ 공익 연계 마케팅: 기업이 소비자의 구매로 얻은 수익의 일부를 자선 활동이나 공익에 기부하는 것을 말한다. 소비자에게는 제품 소비에 대한 만족과 기부를 통한 뿌듯함을 안겨 주고, 기업에는 판매 증진을 통한 이익과 긍정적인 브랜드 이미지 형성에 도움을 준다.

예) 미국의 아메리칸 익스프레스 카드 회사 사례: 1983년 자유의 여신상을 복구하기 위해 소비자가 카드를 쓸 때마다 1센트를 자유의 여신상 재단에 기부하였다.

④ **SNS 마케팅**: SNS를 통해 제품을 홍보한다. 소비자와 직접적으로 소통할 수 있다는 장점이 있으며, 해당 정보를 널리 퍼뜨릴 수 있어 파급력이 크다.

❶ 각 마케팅 방식의 특성을 다음 보기를 참고하여 설명해 봅시다.

> 보기
>
> 공공 기여   입소문   대중 심리   감성   문화 예술 기여

❷ 이런 마케팅 사례를 본 적이 있으면 이야기해 봅시다. 해당 마케팅 방안은 효과적이었습니까?

4) 여러분은 어떤 마케팅 방식이 효과적이라고 생각합니까? 그 이유는 무엇입니까?

5) 효과적인 마케팅 방식에 대해서 발표해 봅시다.

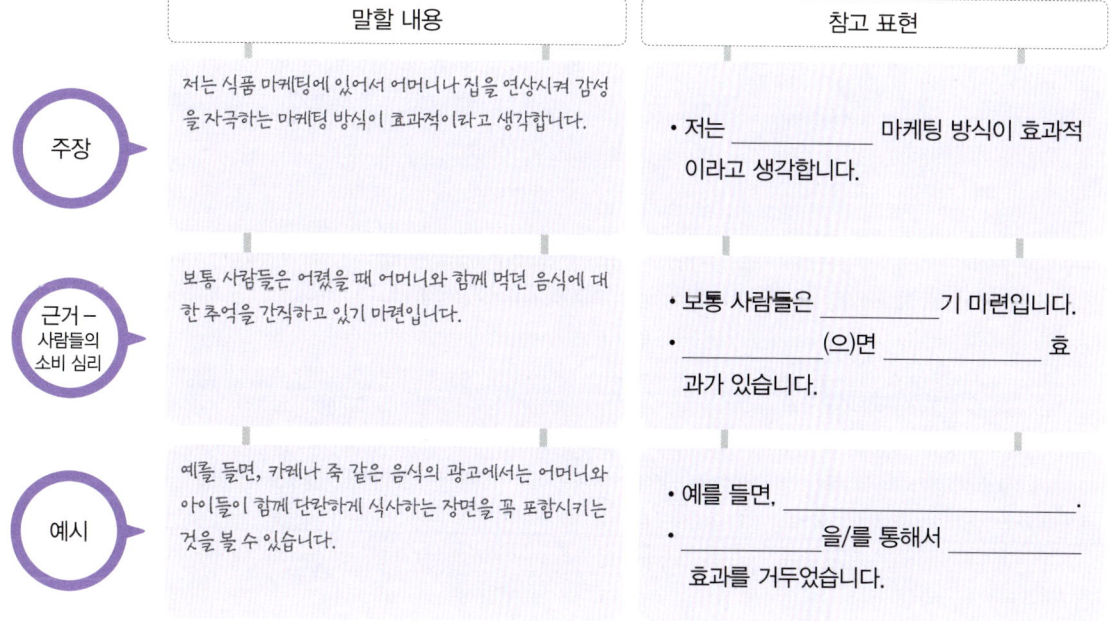

말할 내용	참고 표현
주장: 저는 식품 마케팅에 있어서 어머니나 집을 연상시켜 감성을 자극하는 마케팅 방식이 효과적이라고 생각합니다.	• 저는 _____ 마케팅 방식이 효과적이라고 생각합니다.
근거 – 사람들의 소비 심리: 보통 사람들은 어렸을 때 어머니와 함께 먹던 음식에 대한 추억을 간직하고 있기 마련입니다.	• 보통 사람들은 _____기 마련입니다. • _____(으)면 _____ 효과가 있습니다.
예시: 예를 들면, 카레나 죽 같은 음식의 광고에서는 어머니와 아이들이 함께 단란하게 식사하는 장면을 꼭 포함시키는 것을 볼 수 있습니다.	• 예를 들면, _____. • _____을/를 통해서 _____ 효과를 거두었습니다.

2. 마케팅에 대해 기획할 경우 대상 국가, 성별, 연령, 시대 유행 등 여러 요소를 고려해야 합니다. 대상 및 상황에 따른 마케팅 방식에 대해서 이야기해 봅시다.

1) 다음 자료를 보고 한국에서 마케팅할 때 유의해야 할 점에 대해서 생각해 봅시다.

A 기업의 한국 진출 실패 사례

한국 할인점의 매출은 공산품보다는 신선 식품에 대한 의존도가 높다. 따라서 매장을 신선 식품을 중심으로 구성해야 했지만, A 기업은 이러한 현지 특성을 무시하고 공산품 위주로 상품을 배치하는 오류를 범했다. 또한 한국 소비자들은 신선 식품을 만져보고 구매하는 특징이 있어 채소와 생선 등은 직접 확인할 수 있도록 비포장 상태로 운영해야 했지만, A 기업은 이러한 국내 시장 상황을 이해하지 못했다. 반면에 국내 B 기업의 경우 소비자들의 눈높이에 맞추어 진열대 높이를 1.6~1.8m로 낮추고 조명은 1,500룩스까지 밝게 하였으며, 매장 구성도 신선 식품을 중심으로 배치하였다. 그리하여 소비자들은 편안하게 구매할 수 있는 국내 B 기업에 몰렸고 A 기업은 점차 외면하였다.

---

❶ 위 글에서 A 기업이 한국 매장 구성에서 범한 실수는 무엇입니까?

❷ A 기업이 한국 시장에서 실패한 이유는 무엇이라고 할 수 있습니까?

❸ 한국 시장에서 마케팅할 때 주의해야 할 문화적 특성은 무엇인지 이야기해 봅시다.

2) 여러분 나라에 특정 제품 또는 기업이 진출할 경우 마케팅에 유의해야 될 사항은 무엇입니까? 화장품, 자동차, 식품 등 특정 제품군을 정해서 이야기해 봅시다.

| 국가의 문화적·사회적 특성 | 기존 국내 업체와의 차별화 | 소비자 및 소비 행위의 특성 |

3) 소비자 집단별로 어떤 방식의 마케팅이 효과적일까요? 다음 보기의 집단에게 인기 있는 상품이 무엇인지, 어떤 마케팅 방식이 효과적일지 이야기해 봅시다.

보기	중학생	고등학생	사회 초년생 및 취업 준비생
	젊은 부모	미혼 싱글	은퇴 후 세대

3. 여러분만의 마케팅을 기획하여 발표해 봅시다.

1) 먼저 여러분이 홍보하고자 하는 상품이나 기업을 선정하여 봅시다.

예) 스마트폰   식당   배달 도시락   화장품   친환경 식품 등

2) 대상 소비자는 누구이며 어떤 특성을 갖고 있습니까?

예) 남자   여자   10대   대학생   젊은 부모   미혼 싱글   50-60대 등

3) 어떤 가치/이미지로 마케팅하는 것이 효과적일까요? 이 전략이 다른 방법보다 중요한 이유는 무엇입니까?

예) 건강   저렴한 가격   친환경   자녀   고급   삶의 질   유행 등

4) 여러 요인을 고려해서 마케팅 방식을 정해 봅시다.

어떤 채널로 홍보할 것인가? (인터넷, 모바일, TV, 라디오, 오프라인 명소 등)	구체적으로 어떤 내용의 마케팅을 진행할 것인가?

5) 예상되는 효과와 어려움은 무엇입니까?

- 예상되는 효과:
- 예상되는 어려움:

6) 계획한 내용을 발표해 봅시다.

	말할 내용	참고 표현
대상 상품, 소비자 소개		• 저희가 마케팅할 제품은 _____ 입니다. • 예상되는 소비자는 _____ 입니다. 이들은 _____ 특징이 있습니다.
마케팅 전략		• 저희는 _____ 을/를 가장 중점적으로 제시할 필요가 있다고 봅니다. 왜냐하면 이 제품이/소비자가 _____ (이)기 때문입니다. 이렇게 하면 여러 사람들이 _____ 수 있습니다.
구체적인 방법		• 구체적으로 _____ 것입니다. • _____ 기 위해서는 _____ 도 필요합니다.
예상되는 효과		• 예상되는 효과는 _____ (이)라는 점입니다.

과제 말하기

1. 발표가 끝난 후 나온 다음 질문을 듣고 답해 봅시다.
Track 06

질문 1 　발표 잘 들었습니다. 저는 명확하지 않은 부분이 있어서 여쭤보려고 합니다. 발표자께서 기업 이미지와 공익 연계 마케팅과의 적합성을 설명하면서 A사 제품에 대한 실험을 소개해 주셨는데, 여기서 소비자들이 가진 A사의 이미지에 대한 사전 조사가 이루어진 건지, 이루어졌다면 어떤 방식으로 수행되었는지 궁금합니다.

질문 2 　발표 잘 들었습니다. 발표를 들으면서 제가 읽었던 논문 내용이 생각이 났는데요, 말씀하신 상품은 워낙 기능적인 부분이 크니까 기능적인 부분이 강조되는 마케팅이 효과가 좋을 텐데요, 제품을 광고로 표현할 때는 감성적인 부분을 살리는 것이 더 좋다고 합니다. 가령 우유를 가지고 사랑의 열매에 판매 수익금 일부를 기부한다는 공익 연계 마케팅을 하는 경우, 광고에서 우유의 성분을 강조하기보다는 '엄마의 마음'과 같이 감성적인 측면에 호소하는 것이 더 효과가 높다는 것입니다. 이렇게 감성적인 부분에 대한 마케팅 효과도 생각해 보면 좋을 것 같습니다.

질문 3 　개인적으로 공익 연계 마케팅이 소비자의 심리 변화에 얼마나 긍정적인 효과를 미치는지에 대해 궁금증을 갖고 있었기 때문에 아주 유익한 발표였습니다. 개인적으로 실질적인 예를 더 보고 싶은데요, 혹시 조사한 사례가 더 있다면 나중에 자료를 올려 주시면 좋겠습니다.

1) 위의 세 가지 질문이 각각 무엇을 목적으로 이루어지고 있는지 다음 보기에서 골라 봅시다.

보기　　내용에 대한 확인　　추가 정보/자료 요청　　본인의 의견 덧붙이기

질문 1 _____

질문 2 _____

질문 3 _____

2) 첫 번째 질문을 받았는데 정확하게 알지 못한다면 어떻게 대답해야 하는지 이야기해 봅시다.

3) 두 번째 질문이나 세 번째 질문에 대해서는 뭐라고 응답하면 좋은지 이야기해 봅시다.

2. 발표를 듣고 질의응답을 해 봅시다.

1) 친구들의 발표를 듣고 질문을 준비해 봅시다.

들은 내용을 잘 이해하지 못했을 때	• 아까 –(이)라고 말씀하셨는데 –에 대해 다시 한번 설명 부탁드립니다.
추가로 알고 싶은 정보가 있을 때	• –에 대해 말씀하셨는데, 혹시 –은/는 어떤지 궁금합니다. • –에 대해 말씀하셨는데, 그 외에 …….
발표 내용에 대해 내가 알고 있는 정보나 의견을 제시할 때	• 제가 알고 있는 바로는 …… 이에 대해 어떻게 생각하시는지 궁금합니다. • 저는 –에 관한 논문을 읽은 적이 있는데 …… 이러한 점을 고려해 주시면 더 좋을 것 같습니다.
발표 내용을 평가할 때	• 저도 이 문제에 관심이 있어서 아주 흥미롭게 들었는데요. –이/가 추가된다면 더 좋을 것 같습니다.

2) 친구의 질문에 대해서 대답해 봅시다.

질문에 대한 자료를 준비하지 못했을 때	• 죄송합니다. 제가 –에 대한 것은 미처 찾아보지 못했는데요. • 말씀하신 대로 – 측면이 있을 것 같은데 이 부분은 더 조사를 해 보겠습니다. • –에 대한 자료를 더 찾아보고 사이버 캠퍼스에 정리해서 올려 두겠습니다.
특별히 대답이 필요한 질문이 아닐 때	• 그 부분은 미처 생각하지 못했는데 –야 할 사항이라고 생각합니다. 코멘트 감사합니다. / 조언 감사합니다.

자기 평가

학습한 내용을 스스로 평가해 봅시다.

☐ 소비자 심리가 무엇인지 설명할 수 있다.
☐ 여러 가지 마케팅의 장점 및 마케팅 기획에서의 유의점을 이야기할 수 있다.
☐ 발표의 마무리 단계에서 내용을 요약하고 주제를 잘 정리할 수 있다.
☐ 청중의 질문을 유도하고 질문에 적절하게 대답할 수 있다.
☐ 다른 사람의 발표를 듣고 적절한 질문을 할 수 있다.

7과 환경과 에너지

○ 우리 주변에서 발견할 수 있는 환경 문제는 어떤 것들이 있는지 이야기해 봅시다.

주제 말하기

1. 환경 문제의 현상과 원인에 대해서 이야기해 봅시다.

1) 현재 지구에서 발생하고 있는 환경 오염 현상의 심각성과 그 원인에 대해서 이야기해 봅시다.

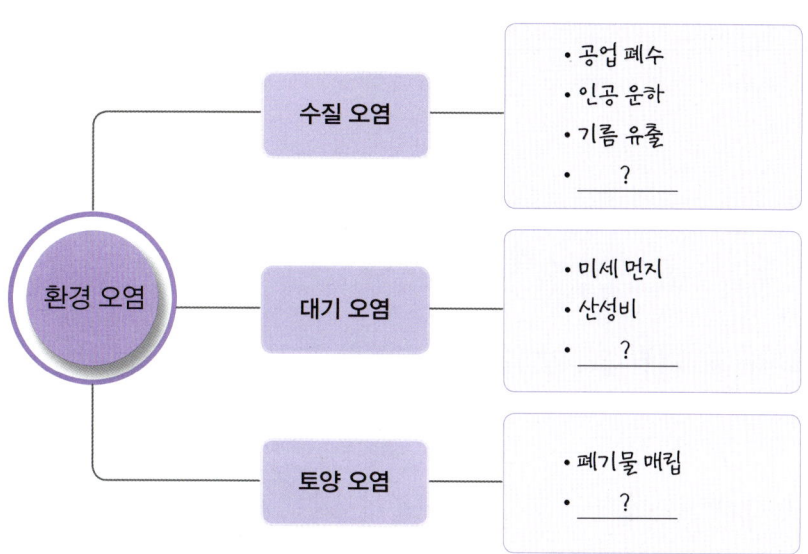

❶ 환경 오염에 따라 나타난 폐해에는 어떤 것이 있는지 이야기해 봅시다.

❷ 이러한 문제의 원인은 무엇이라고 생각하는지 이야기해 봅시다.

2) 환경 오염 현상의 심각성과 그 원인에 대해서 설명해 봅시다.

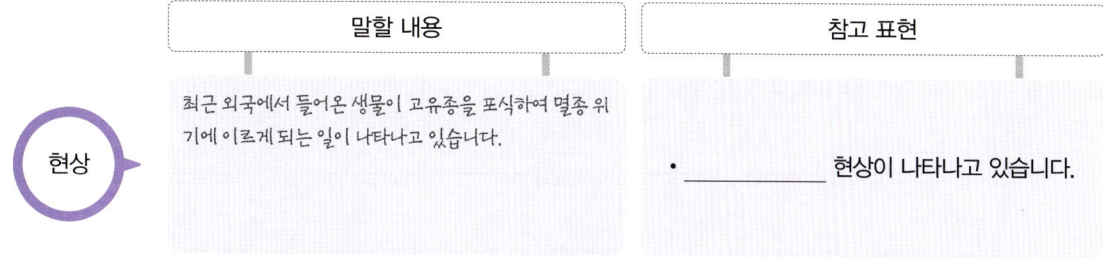

7과 환경과 에너지 59

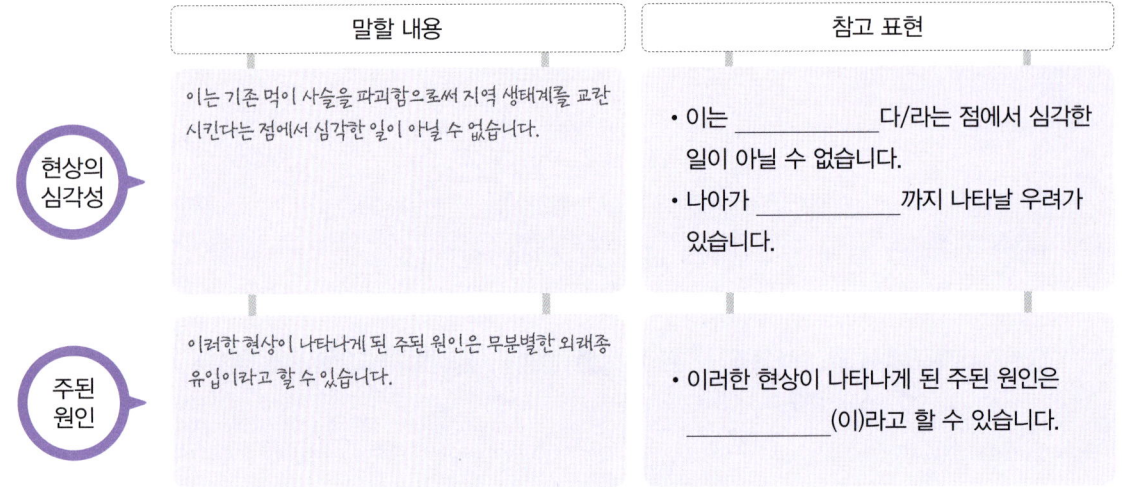

말할 내용	참고 표현
현상의 심각성 — 이는 기존 먹이 사슬을 파괴함으로써 지역 생태계를 교란시킨다는 점에서 심각한 일이 아닐 수 없습니다.	• 이는 _____ 다/라는 점에서 심각한 일이 아닐 수 없습니다. • 나아가 _____ 까지 나타날 우려가 있습니다.
주된 원인 — 이러한 현상이 나타나게 된 주된 원인은 무분별한 외래종 유입이라고 할 수 있습니다.	• 이러한 현상이 나타나게 된 주된 원인은 _____ (이)라고 할 수 있습니다.

2. 대학 내 에너지 문제의 원인과 대안에 대해서 이야기해 봅시다.

1) 다음 내용을 읽고 대학 내 에너지 문제의 원인을 생각해 봅시다.

- **전기 요금만 한 해 100억 원에 육박**
  - 우리 학교의 전기 사용량은 빠른 증가 추세이며 한 해 전기 요금이 100억 원에 육박한다.
  - 빈 강의실 불끄기가 잘 이뤄지지 않는 현실, 과도한 엘리베이터 사용, 겨울철 연구실의 지나친 난방기 이용 등이 문제로 꼽힌다.

- **겨울철 난방 가스 소비**
  - 우리 대학에서 한 해 동안 사용되는 도시가스는 약 463만 m^3로 27억 원어치에 달한다.
  - 도시가스의 대부분은 중앙 공급식 냉난방 기기를 가동하는 데 쓰인다.
  - 대부분 건물에 중앙 공급식으로 난방이 이뤄지면서 건물별·실별로 통제가 불가능하다. 따라서 그동안 겨울 학기가 개설되지 않아 겨울철에 전혀 사용되지 않았던 캠퍼스 내 대부분의 강의실에도 지난 30년 동안 어김없이 난방이 이뤄져 왔다.

- **통학·출퇴근 길에 소비되는 에너지**
  - 우리 대학은 지하철역에서 2.5km가량 떨어져 있고 산 중턱에 자리 잡고 있어 통학생 대다수는 셔틀 버스 혹은 시내 버스를 추가적으로 이용하고 있다.
  - 캠퍼스에 정기 주차 차량으로 등록된 차는 7,911대(2007년 1월 기준)이고 이 외에도 연간 50

만 1,300대가 캠퍼스를 드나들었다. 이들 승용차 운전자들은 통학·출퇴근 과정에서 버스 이용자들에 비해 1인당 5배에서 10배나 많은 에너지를 소비하고 있다.

서울대 저널 88호 특집, '에너지 과소비' 서울대, 온난화 대책의 무풍지대?
정원일 기자(jwi820@snu.ac.kr)

❶ 위 글에 나온 에너지 문제 각각의 실태와 그 원인에 대해서 보기를 참고하여 이야기해 봅시다.

| 전기 소비 | 난방 가스 소비 | 교통수단의 에너지 소비 |

보기
- 공공재 인식
- 방만한 인식
- 비효율적인 시스템
- 체계 부재
- 교통 체계
- 나홀로 승용차

❷ 위에서 이야기한 문제 중에서 가장 심각하다고 생각하는 것은 무엇인지 이야기해 봅시다. 또 평소 교내에서 자주 목격하는 에너지 낭비 사례를 말해 봅시다.

2) 어떻게 하면 에너지를 절약할 수 있을까요? 다음 보기를 참고하여 대학 내 에너지 문제의 해결 방안을 모색해 봅시다.

보기
- 재활용 캠페인
- 의식 개선 방안
- 효율적 전기 난방 시스템
- 폐기물 처리

3) 에너지 문제의 해결 방안 중에서 효과적인 것을 하나 골라 학내 구성원에게 홍보할 수 있는 재미있는 표어를 만들어 봅시다.

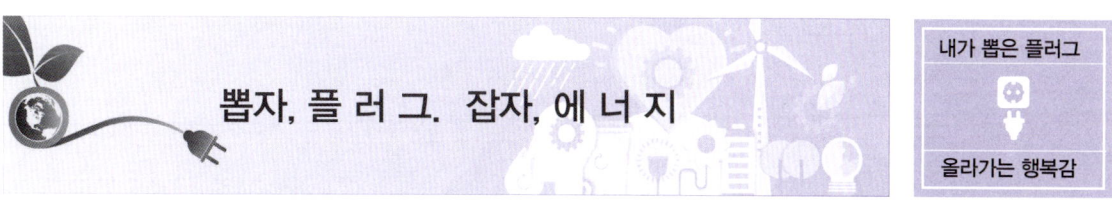

뽑자, 플 러 그. 잡자, 에 너 지

내가 뽑은 플러그
올라가는 행복감

과제 말하기

1. 다음을 잘 듣고 함께 이야기해 봅시다.

가	김주아: 저는 먼저 지금의 에너지 생산량과 소비량 추이를 좀 보여 드리고 우리가 생산의 측면에서 생각해 볼 수 있는 방안과 소비의 측면에서 생각해 볼 수 있는 방안을 나누어서 말씀드리 겠습니다. 먼저 국내 총 발전량 추이를 보면 원자력에 대한 의존도가 30% 이상으로 비교적 높은데요. 점진적으로 신재생 에너지를 늘려 나가면서 에너지를 안정적으로 수급하기 위한 대책을 마련해야 할 것입니다. …… 이민성: 네, 말씀 잘 들었습니다. 김주아 선생님께서 말씀하신 것에 기본적으로 동의하고요. 다만 점진적으로 신재생 에너지에 대한 비중을 늘려 나가기 위한 장기적인 계획이 필요하다고 봅니다. 지금 국가 차원의 에너지 정책은 거시적인 관점에서의 계획 없이 부분적으로 이루어지고 있다고 봅니다. ……
나	김주아: 일반적으로 원자력 에너지를 반대하는 사람들은 환경 문제를 근거로 드는데요. 사실 환경적으로나 에너지 효율성 문제로나 원자력 에너지만 한 전력 생산 수단이 없습니다. 자원이 전무한 한국에서 원자력은 전력 수요를 충족하는 안정적이고 경제적인 에너지이고 온실가스 감축에도 부합하기 때문이죠. 신재생 에너지의 경우 효율성이 너무 떨어지기 때문에 아무래도 한계가 있습니다. …… 이민성: 네, 말씀 잘 들었습니다. 하지만 저는 원자력 에너지가 환경적으로 별 문제가 없다는 말씀에 동의하지 않습니다. 이 자료를 보면 대기 중의 열에너지는 지구 전체의 6.6%에 불과하고, 나머지는 지면이나 바닷물에서 발생합니다. 지구 온난화가 열 배출에 의한 것이기 때문에, 실제로 원자력 발전은 심하면 발전량의 세 배까지 열을 배출해 지구 온난화를 크게 촉진시키고 있습니다. ……

1) 가 와 나 에서 이야기하고 있는 주제는 무엇입니까?

2) 가, 나 에서 각 주제에 대한 논의 방식에 어떤 차이가 있습니까?

3) 여러분의 요즘 생활과 관련된 문제 중 토의가 필요하다고 생각하는 주제가 있으면 이야기해 봅시다.

2. 다음은 '학내 에너지 절약 방안'에 대한 토의의 일부입니다. 잘 보고 함께 이야기해 봅시다.

김수정	가 ( )	저는 학내 에너지 절약 방안으로 옥상 정원 조성을 제안합니다.
	나 ( )	여기 이 사진을 보면 현재 서울대학교 내 많은 건물들의 옥상은 별다른 시설 없이 방치되어 있는데요.
	다 ( )	옥상 위 공간을 놀리지 않고 정원을 조성하면 여름철에 뜨거운 열이 내려오지 않아 냉방비를 절약할 수 있고 학우들의 휴식 공간도 만들어 주는 1석 2조의 효과가 있습니다. 꼭 정원이 아니더라도 채소를 생산해 학생 식당 등에 보급하는 등 에너지를 절약하면서 도시 농업의 본보기도 보여 줄 수 있는 좋은 방안이 될 수 있다고 봅니다.
이민우	라 ( )	네, 저도 옥상 정원을 조성하는 것이 여러모로 효과적인 에너지 절약 방안이라고 생각하는데요. 이 경우 소요되는 예산을 생각하지 않을 수 없습니다. 학교 측에서 정원 조성에 드는 예산에 대해 부담스러워 하거나 실행을 망설인다면 그다지 현실적인 대안이 될 수 없을 것 같아서요. 여기에 필요한 예산을 짜 보고 학교 측에 제안하면 더 좋을 것 같습니다.
	다른 제안	그래서 저는 상대적으로 예산에 대한 부담이 적으면서도 쉽게 실천할 수 있는 방법을 생각해 봤습니다. _____

1) 김수정 학생이 제안한 학내 에너지 절약 방안은 무엇입니까?

2) 김수정 학생의 제안에 대해서 이민우 학생은 어떤 의견을 말했습니까?

3) 가 – 라 각 발언 부분에 어떤 내용이 들어가 있는지 다음 보기에서 골라 (   ) 안에 써 봅시다.

보기
제안 내용   제안의 효과   반응   다른 제안   제안의 배경

4) 이민우 학생은 어떤 제안을 할지 예상하여 이 학생의 발언을 완성해서 말해 봅시다.

토의와 토론

구분	토의	토론
정의	특정 문제를 해결하기 위한 다양한 해결 방안을 모색하는 과정	특정 주제에 대한 찬성과 반대의 주장을 논하는 과정
특성	상호 협동적·협조적·협력적	상호 대립적·공격적·경쟁적·논쟁적
목적	각자가 가지고 있는 다양한 의견을 개진하고 교환하고 검토함.	각각 찬성과 반대 입장에서 자신의 주장을 받아들이도록 제3자인 청중을 설득함.
효과	문제 해결책을 도출함.	문제의 본질에 대한 이해를 높여 줌.
형식	비교적 자유롭게 발언함.	일정한 형식과 규칙에 따라 발언함.
결과	타협	승패
예	'원자력 발전소의 안전 운영 방안을 모색해야 한다'	'원자력 발전소 건설을 중단해야 한다'

네이버 지식백과 '토론'(http://terms.naver.com/entry.nhn?docId=2275785&cid=42251&categoryId=51189)
백미숙, 『토론』(커뮤니케이션북스, 2014)

3. 에너지 소비를 줄일 수 있는 방안에 대해서 토의해 봅시다.

1) 각 팀에서 토의한 내용을 정리하여 발표해 봅시다.

	말할 내용	참고 표현
제안 내용		• 저희는 _____ 방안을 제안합니다.
제안의 배경		• 저희는 _____다/라는 점에 주목하여 이런 방안을 생각해 보게 되었습니다.
구체적인 방법		• 먼저 _____야 합니다. 학생들은 _____고 본부에서는 _____을/를 지원합니다.
기대되는 효과 및 강점		• 이 방법을 통해서 _____을/를 할 수 있을 것입니다. • _____ 효과가 기대됩니다. • 이 방법은 무엇보다도 _____ 데 장점이 있습니다.

2) 여러 발표를 듣고 방안의 실현 가능성이나 타당성에 대해서 평가해 봅시다.

자기 평가

학습한 내용을 스스로 평가해 봅시다.

☐ 대학 내 에너지 문제의 현황에 대해서 말할 수 있다.
☐ 대학 내 에너지 문제의 해결 방안을 이야기할 수 있다.
☐ 토의와 토론의 차이에 대해서 설명할 수 있다.
☐ 토의가 끝난 후 내용을 정리해서 전달할 수 있다.

8과 청년과 정치

● 최근 여러분 나라에서 청년들이 직면한 문제는 무엇인지 이야기해 봅시다.

대학 등록금

취업

중독

정치·사회 문제

🗣 주제 말하기

1. 젊은 세대의 특징과 어려움에 대해서 이야기해 봅시다.

   1) 기성세대와 다른 한국 젊은 세대의 특징은 무엇인지 이야기해 봅시다.

     ❶ 성장 환경은 어떻게 달랐습니까? 다른 성장 환경에 따라 갖게 된 특징은 무엇인지 다음 보기를 참고하여 이야기해 봅시다. 💬

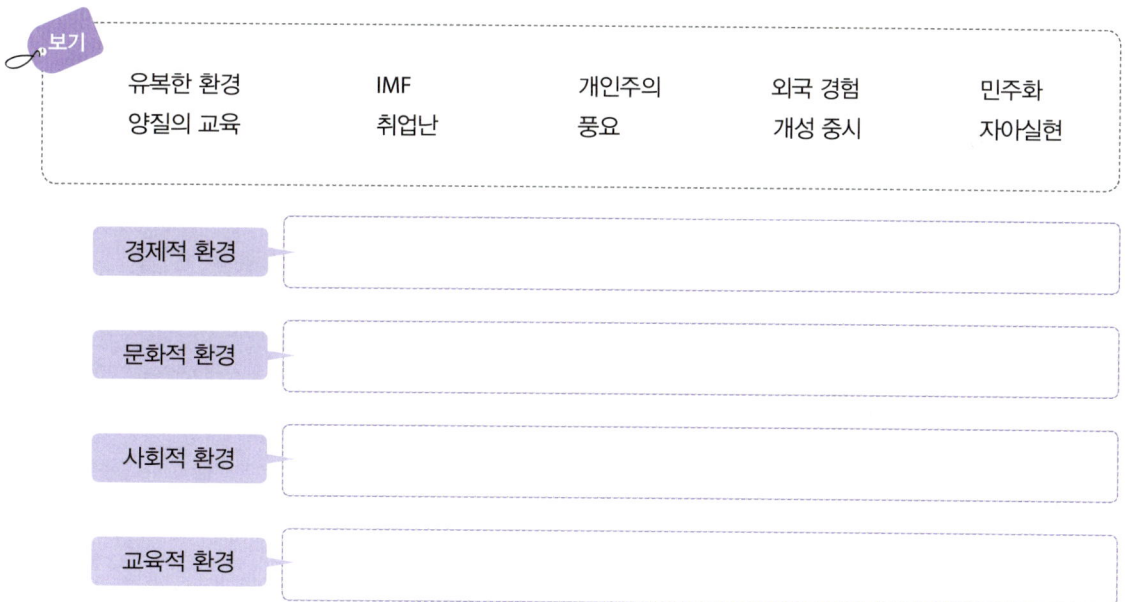

     ❷ 여러분 나라의 젊은 세대는 어떤 성장 환경에서 자랐으며 어떤 특징을 보이는지 이야기해 봅시다. 💬

8과 청년과 정치 67

❸ 여러분이 생각하는 청년 세대의 특징과 그러한 특징이 형성된 배경에 대해서 말해 봅시다.

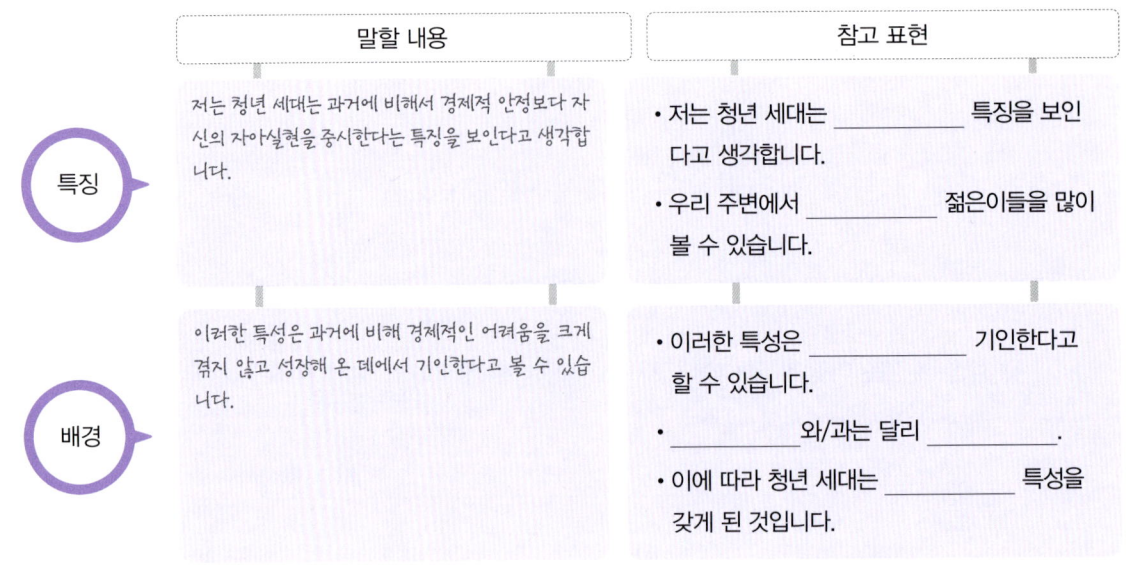

2) 청년 세대의 고민과 해결 방안에 대해서 이야기해 봅시다.

❶ 청년 세대의 가장 큰 고민은 무엇이라고 생각합니까? 다음 보기를 참고해서 이야기해 봅시다.

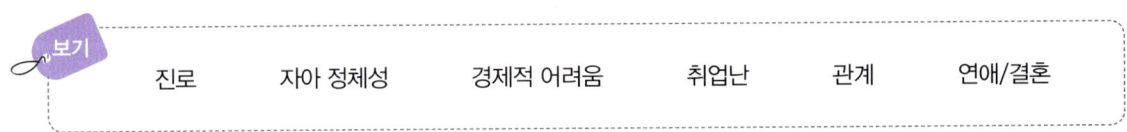

❷ 청년 세대의 어려움을 해결하기 위해 어떤 도움이 필요할지 이야기해 봅시다.

2. 젊은 세대와 정치의 관계에 대해서 이야기해 봅시다.

1) 여러분 나라에서 젊은 세대의 정치에 대한 관심은 어떻습니까? 그 배경은 무엇입니까?

2) 젊은 세대가 정치에 무관심한 이유를 다음을 참고하여 여러 측면에서 생각해 봅시다.

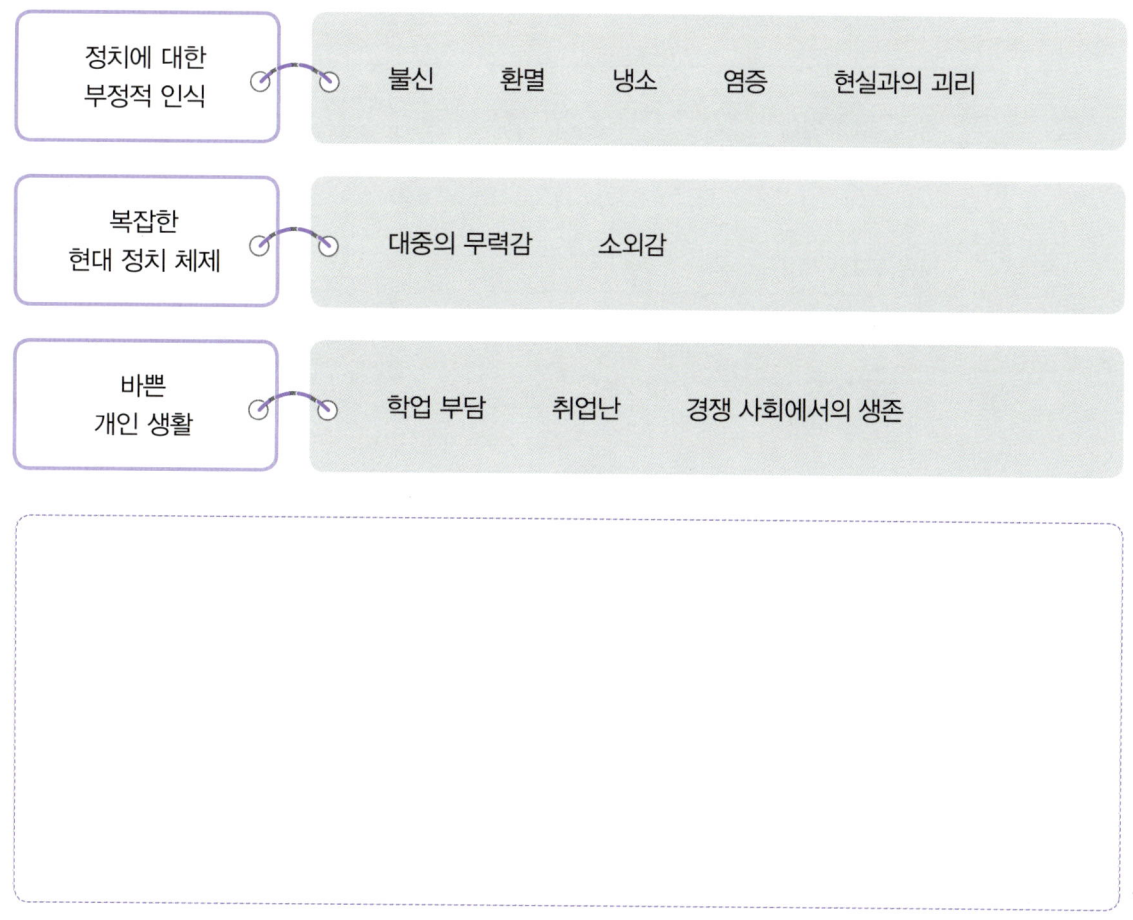

3) 위 이유들 중 가장 큰 원인은 무엇이라고 생각하는지 말해 봅시다.

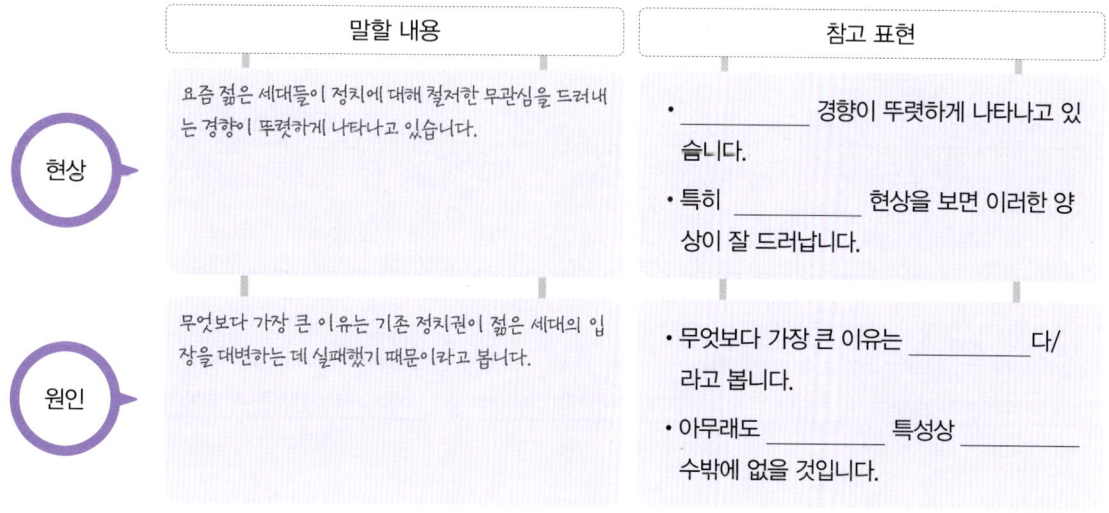

4) 정치에 대한 관심을 높이기 위해서 어떻게 해야 할까요? 청년들의 정치 참여를 높일 수 있는 방안을 생각해 봅시다.

- 청년 세대의 연대
- 낮은 투표율 제고
- 청년 대표 국회 의원 부재

예) 청년 비례 대표제   청년 정치인 양성을 위한 아카데미   투표 시간 연장
    투표일을 유급 휴가일로 지정   SNS를 통한 연대   정치권 쇄신
    정치 문화 쇄신

5) 청년들의 정치 참여를 높이기 위한 방안을 한 가지 정해서 구체적으로 제안하여 봅시다.

	말할 내용	참고 표현
방안		• 이 문제를 해결하기 위한 방안으로는 여러 가지가 있지만 저는 _____.
구체적인 방법		• 이 방안을 시행하기 위해서는 먼저 _____. • 이를 위해서는 _____도 필요하겠지요.
예상되는 효과		• _____(으)면 _____게 될 것입니다.
다른 방법보다 효과적인 이유		• 이 방안은 무엇보다 _____다/라는 점에서 근본적인 해결이 될 수 있을 것으로 봅니다.

과제 말하기

1. 토의에서 다른 사람을 고려하면서 논의하는 방식과 표현에 대해서 생각해 봅시다.

1) 다음은 '한국의 청년 문제'에 대한 토의 중 일부입니다. 듣고 함께 이야기해 봅시다.

가 사회자	오늘은 한국의 청년 문제에 대해 이야기를 나눠 보도록 하겠습니다. 한국의 청년들이 안고 있는 문제, 어떤 것이 있을까요?
나 이택관	네, 청년 문제에는 높은 등록금, 실업률, 비정규직 문제 등 여러 가지 복합적인 것이 있겠는데요. 이런 다양한 문제들은 결국 우리 사회가 더 이상 꿈을 꿀 수 없는 사회가 되었다는 점을 보여 줍니다. 스펙을 아무리 쌓는다고 해도 취업이 불확실하고, 취업을 한다고 해도 비정규직이나 계약직 같은 질 낮은 일자리인 경우가 많고 ……, 게다가 등록금으로 진 빚이 있으면 돈 벌어 학자금 대출 상환하기 바쁜데 언제 연애하고 결혼하고 출산을 하겠습니까? 현재 한국의 청년 세대는 미래에 대한 꿈을 잃어버린 세대라고 할 수 있습니다.
다 사회자	네, 또 최근 20대가 사회적인 이슈에 대해 다양한 목소리를 내고 있는데요. 요즘 학생들이 하고 있는 대자보 운동이나 1인 시위 같은 것이 효과가 있다고 보십니까?
라 강은미	네, 아시다시피 최근 한 대학생이 등록금 문제와 관련해서 대자보를 썼는데, 그게 학내에서 큰 반향이 있었고 언론에서도 주목을 받았지요. 대부분의 학생들이 스펙 쌓기에 열중하고 있는 때에 이런 식으로 사회 문제에 대해 자신의 목소리를 내려고 하는 시도 자체가 의미가 있다고 생각합니다. 물론 언론의 주목을 받은 데서도 볼 수 있듯이 분명히 그 파급 효과도 있는 것이고요. 어떤 형태로든지 앞으로도 계속 청년들이 정치적인 행동을 보여 줘야 할 겁니다.

❶ 발언자들의 주장과 근거를 정리하여 말해 봅시다.

	주장	근거
나	청년 문제의 원인은 _____.	
라	대자보 운동이나 1인 시위는 _____.	

❷ 토의에서 다른 사람을 고려해서 말하려면 어떻게 해야 할지 이야기해 봅시다.

토의할 때 상대방 존중하기

- 상대방의 의견을 인용하여 화제를 제시한다.
- 상대방의 의견에 찬성할 경우 찬성의 뜻을 표현하고 자신의 의견을 말한다.
- 상대방의 의견에 반대할 경우 상대방의 의견에도 긍정적인 면이 있음을 표현하고 존중하는 태도를 보인 후 자신의 의견을 말한다.
- 타인의 의견에 대한 직접적인 비판이나 공격적인 표현은 피하는 것이 좋다.

2. 한국이나 여러분 나라의 청년 세대가 처한 현실과 이를 개선하기 위한 방안을 함께 토의해 봅시다.

1) 토의하고 싶은 주제를 구체적으로 정하고 사회자와 토의 내용을 정리할 사람을 정해 봅시다.

2) 다음 보기와 같이 주제에 대해서 자유롭게 토의해 보고 개선 방안을 합의해 봅시다.

- 청년 실업 문제의 실태와 개선 방안
- 청년 주거 불안정 문제 해결 방안
- 젊은 세대가 출산, 육아, 취직을 포기하는 현상에 대한 제안

3) 토의에 참여하는 여러 사람들을 고려하여 자신의 의견을 말해 봅시다.

	말할 내용	참고 표현
앞사람 의견에 대한 반응		**동의하기** • 저도 그 말씀에 공감(동의)합니다. • 저도 그렇게 생각하는데요. / 보고 있는데요. **일부 부정하기** • 물론 말씀하신 -도 물론 중요하지만 저는 ……. • 좋은 의견 잘 들었습니다. 그런데 저는 조금 다르게 생각하는데요, …….
제안		• 저는 _____ 방안을 제안합니다. 이 방법은 _____ 것입니다.
강화		• 이렇게 하면 _____ 수 있을 것입니다. • _____ 효과도 있을 것으로 기대됩니다.

자기 평가

학습한 내용을 스스로 평가해 봅시다.

☐ 젊은 세대의 특징과 그 형성 배경에 대해서 말할 수 있다.
☐ 젊은 세대의 정치 무관심 현상에 대해서 개선 방안을 제시할 수 있다.
☐ 토의에서 다른 사람의 의견을 존중하며 자신의 의견을 개진할 수 있다.
☐ 토의의 규칙을 알고 예의를 갖추어 발언할 수 있다.

9과 제주의 풍경

○ 제주도에 가 본 적이 있습니까? 여러분이 방문한 장소나 알고 있는 장소에 대해 이야기해 봅시다.

| 우도 | 섭지코지/성산 일출봉 | 협재 해수욕장 | 사려니숲길 |
| 윗세오름 | 한라산 백록담 | 만장굴 | 주상 절리 |

 주제 말하기

1. 다음 자료를 보고 매력적인 관광지의 조건에 대해서 이야기해 봅시다.

- **제주도의 자연 환경**
  - 제주도는 화산 폭발로 형성된 화산섬이다.
  - 대부분이 현무암으로 이루어져 있다.
  - 위도가 낮아 기온이 높고 바다로 둘러싸여 연간 기온 교차가 적다.
  - 연평균 기온은 16.2도, 여름 기온은 내륙과 거의 같지만 겨울 기온은 더 높아 한반도에서 제일 따뜻하다.
- **제주도의 매력**
  - 화산섬으로서 독특한 자연 경관을 보여 준다.
  - 아름다운 해안 도로와 자연 경관 가운데 어우러지는 건축물이 매력적이다.
  - 섬 지역으로서 독특한 방언과 음식, 주거 문화, 향토 음식 및 특산물이 눈길을 끈다.

1) 관광지로서 제주도의 매력은 무엇입니까?

2) 여러분은 여행지를 선정할 때 어떤 섬을 중요하게 생각합니까? 다음 보기 중에서 여러분이 중요하게 생각하는 요소는 무엇인지 이야기해 봅시다.

보기

계절과 기후	교통 편의성	물가	유물 및 유적 관람
숙박 시설 편의성	문화재 및 축제	휴식	스포츠 활동
지역 특색	다양한 사람과의 만남	경치	유흥 및 오락 시설
독특한 예술	도전감	쇼핑 편의성	

3) 이러한 기준에 따라서 추천할 만한 관광지가 있습니까? 그 관광지의 어떤 점이 매력적인지 이야기해 봅시다. 또 그 관광지를 효과적으로 둘러볼 수 있는 관광 상품이나 여행 코스를 소개해 봅시다.

2. 관광지 개발의 장단점에 대해서 이야기해 봅시다.

1) 관광지로 개발되었을 때 해당 지역에 나타나는 긍정적 현상은 무엇입니까? 또한 부정적 현상으로 나타나는 것들로는 어떤 것이 있습니까? 다음 항목에 대해서 이야기해 봅시다.

생태계 자연 경관 지역 사회

2) 관광지 개발로 인한 부작용에는 어떤 것들이 있을지 다른 관광지의 사례를 들어 다음 보기를 참고하여 이야기해 봅시다.

보기
경관 보존에 지장 생태계 파괴 난개발
지역 주민과의 갈등 지역 상권 침체 관광객의 발길로 더럽혀지다
지나친 상업화 후손에게 물려주다

3) 관광지 개발에 따른 문제점에 대해서 이야기해 봅시다.

말할 내용	참고 표현
도입: 관광지로 개발되었을 때 무엇보다 지역 상점의 매출이 높아지고 경제가 활성화된다는 장점이 있습니다.	• 관광지로서 개발되었을 때 _____ 장점이 있습니다.
문제점 제기: 하지만 많은 관광지에서 대형 외부 자본들은 이윤을 챙기지만 정작 기존 지역 주민들은 오히려 집값이나 월세가 높아져 어려움을 겪는 현상이 나타납니다.	• _____지는 현상이 나타납니다. • _____ 점은 큰 문제입니다.

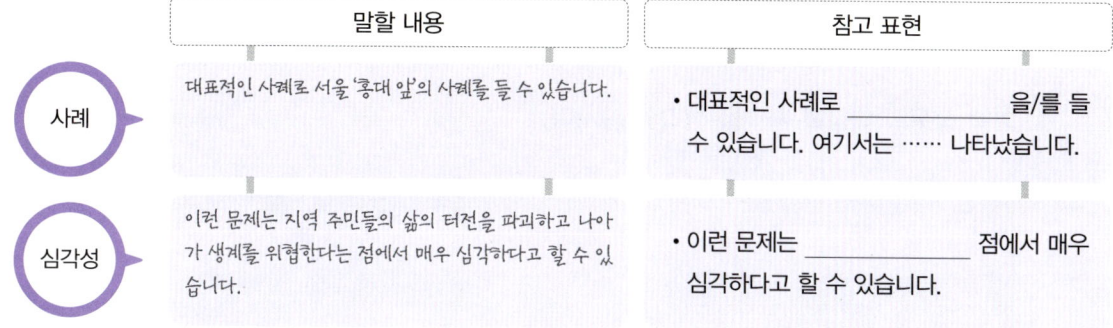

3. 관광지 개발에 따른 문제의 개선 방안을 생각해 봅시다.

1) 다음 대안적 관광에 대한 설명을 보고 이야기해 봅시다.

> **제주 생태 관광**
>
> - 생태 관광의 개념
>   - 환경을 보전하고 지역 주민 복지를 증진시키는 책임 있는 자연 지역으로의 여행
> - 생태 관광의 원칙
>   - 자연과 문화유산 보전에 능동적으로 기여
>   - 주민 참여와 개발 이익의 지역 환원
>   - 교육 및 해설
>   - 개별 관광객 및 소규모 단체 관광객을 대상으로 함.
>
> 프레시안 15, 박진현의 제주살이: '제주, 돈은 중국이 벌고 쓰레기만 도민 차지?'
> (2014. 07. 02, 박진현 조합원, 기사 내 제주생태관광 윤순의 대표와의 인터뷰 중에서)
> http://www.pressian.com/news/article.html?no=118427

❶ 생태 관광이 추구하는 가치는 무엇인지 이야기해 봅시다.

❷ 이러한 관광을 시행했을 때의 장점은 무엇인지 이야기해 봅시다.

2) 다음 보기와 같은 가치를 추구하기 위해서는 어떤 관광 상품이 필요할지 이야기해 봅시다.

| 자연과 문화유산 보전 | 지역 사회 기여 | 기존 관광과의 차별성 |

4. 대안적 여행 상품을 계획하여 제안해 봅시다.

1) 여행 상품의 대상과 지역을 생각해 봅시다.

- 학생, 가족을 위한 관광
- 독특한 생태계를 보여 줄 수 있는 관광
- 향토 문화를 체험할 수 있는 관광
- 스포츠 레저 체험 관광

예)
- 한방 약재를 찾아서 대구로
- 전라도 맛 기행
- 낭만적인 여수 밤바다 투어
- 서울에서 백제 찾기 – 몽촌 토성, 풍납 토성, 한성 백제 박물관
- 서해안 갯벌 체험
- 천년 수도 경주
- 군산의 근대 유적지
- 전국 한식 기행
- 제주도 자전거 투어

2) 여행 상품의 내용을 구체적으로 계획하여 제안해 봅시다.

	말할 내용	참고 표현
여행 상품 제목		• 저희는 _____(이)라는 관광 상품을 제안합니다.
특징·장점		• 이 관광 상품의 특징은 _____(이)라는 것입니다. • 기존 여행과 비교하면 _____(이)라는 차이가 있습니다. • 이를 통해 _____ 할 수 있습니다.
대상·지역		• 저희는 _____을/를 대상으로 정했습니다. • 그 이유는 _____.
관광지 소개 및 주요 일정 (볼거리, 체험거리, 먹을거리)		• 주요 프로그램은 _____. • 그다음으로 _____.
마무리		• 저희가 제안한 프로그램의 의의는 _____(이)라고 할 수 있습니다.

과제 말하기

1. 토의에서 사회자의 역할과 표현에 대해서 생각해 봅시다.

1) 다음은 '제주 세계 자연 유산을 활용한 관광 활성화 방안'에 관한 토의의 시작 부분입니다. 잘 듣고 함께 이야기해 봅시다.

가	안녕하십니까? 사회를 맡은 서울대학교 이경주입니다. 오늘은 여러 전문가 선생님들을 모시고 '제주 세계 자연 유산을 활용한 관광 활성화 방안'에 대한 말씀 나눠 보도록 하겠습니다.
나	저희에게 할애된 시간이 70분이고, 패널로 참석하신 분들이 다섯 분입니다. 그래서 먼저 전체적으로 한 분씩 5분에서 10분 정도 말씀을 듣도록 하고요, 다음에 각 주제별로 20분 정도 의견을 좀 모은 뒤에, 10분 정도 청중 의견을 듣도록 하겠습니다. 주제는 첫 번째로 제주도 세계 자연 유산 등재에 대한 부분, 두 번째로 현재 관광 자원 관리 실태, 세 번째로 향후 관광 활성화 부분, 이 세 가지이고요, 여기에 대해서 자유롭게 토론을 하겠습니다.
다	그럼 먼저 각 선생님의 말씀을 듣겠습니다. 하실 말씀이 많으시겠지만 정해진 시간이 있기 때문에 가급적 10분을 넘지 않도록 부탁드리겠습니다. 그럼 먼저 김선영 선생님 말씀 부탁드립니다.

❶ 무엇에 대한 토의입니까?

❷ 사회자 발언 가 – 다 의 역할을 다음 보기에서 골라 말해 봅시다.

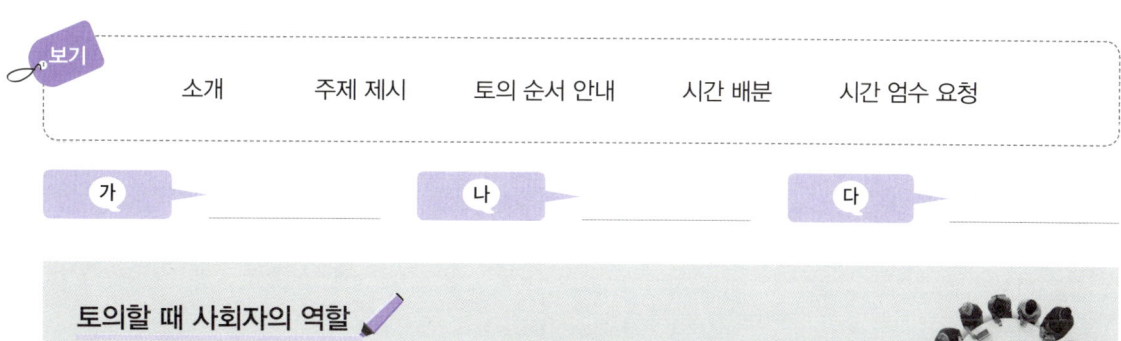

토의할 때 사회자의 역할
- 토의 주제를 소개한다.
- 토의할 때 주의할 점 등을 안내한다.
- 토의의 내용을 조정한다.
- 의견들을 종합하여 정리한다.

2. 기존 관광의 부작용을 줄이기 위한 대안적 여행 상품을 정하는 토의를 해 봅시다.

1) 사회자와 패널을 정해 각자의 역할에 맞게 발언을 준비해 봅시다.

2) 사회자는 토의를 자연스럽게 진행할 수 있도록 다음과 같은 각 단계의 발언을 준비해 봅시다.

	말할 내용	참고 표현
토의 도입하기 (배경 및 의제 소개, 토의의 규칙 안내)		• 지금부터 _____ 에 대해서 토의해 보겠습니다. • _____ 문제가 있습니다. • 이러한 상황에서 _____ 이/가 필요하다고 할 수 있습니다. • 자유롭게 발언하시되 _____ 기 바랍니다. 그럼 _____ 부터 의견을 말씀해 주시기 바랍니다.
의견 조정하기		• 그렇다면 다들 _____ 이/가 제안한 방안에 대해서 동의하시는 걸로 보면 되겠습니까? • 그럼 구체적으로 _____ 에 대해서 정해야 할 텐데요, 의견 말씀해 주시기 바랍니다. • 다른 의견 있으십니까? 앞서 나왔던 주장에 대해서는 부정적으로 보고 계시는 겁니까?
도출 사항 정리하기		• 그럼 _____ 은/는 _____ 기로 하고 _____ 것으로 결정되었습니다. • _____ 것으로 정하기로 하겠습니다.

3) 토의 참가자들이 모여 토의 내용과 참여자들의 역할에 대해서 평가를 해 봅시다.

	평가 항목
토의 내용	• 토의 목적에 따른 결론이 도출되었는가? • 참가자들의 의견을 충분히 고려하여 최선의 결론을 도출했는가?
토의 사회자	• 토의 진행 방향을 목적에 맞도록 유도하였는가? • 참가자들의 발언과 수위를 조절하였는가? • 전체 참가자의 발언을 이끌어 내었는가? • 중립적인 태도를 취하였는가? • 중간중간에 토의 진행 사항을 간단히 요약하였는가? • 논의된 것 중에서 중요한 안건들을 정리하였는가? • 의견의 일치를 유도하여 최종적인 결론, 최선의 해결안을 찾아내었는가? • 참가자들이 정해진 시간과 규칙을 지키도록 유도하였는가?
토의 패널	• 토의에 적극적으로 참가하였는가? • 주장하는 논거가 다양하고 타당하였는가? • 주장에 일관성은 있었는가? • 논리적으로 설득하였는가? • 표현과 전달을 효과적으로 하였는가? • 감정에 치우치지 않았는가? • 상대방을 존중하며 인신공격을 하지 않았는가? • 토의 내용이 주제에서 벗어나지 않았는가?

자기 평가

학습한 내용을 스스로 평가해 봅시다.

☐ 제주도의 지리적 특징에 대해서 말할 수 있다.
☐ 한국의 주요 관광지를 소개할 수 있다.
☐ 토의에서 사회자의 역할에 대해서 설명할 수 있다.
☐ 공식적인 토의의 규칙을 알고 예의를 갖추어 말할 수 있다.

10과 역사 속의 리더십

○ 여러분이 훌륭한 리더라고 생각하는 사람이 누구인지 이야기해 봅시다.

세종 대왕

정조

이순신

간디

링컨

주제 말하기

1. 역사 속의 다양한 리더십 유형에 대해서 이야기해 봅시다.

   1) 여러분은 '세종 대왕', '이순신', '정조'에 대해서 알고 있습니까? 다음 자료를 보고 조선 시대 세 위인의 리더십에 대해서 이야기해 봅시다.

   - **세종 대왕**: 조선 왕조 제4대 왕(재위 1418~1450)으로, 한글을 창제했을 뿐만 아니라 과학, 경제, 국방, 예술, 문화 등 모든 분야에 걸쳐 많은 업적을 남겼다.
     - 왕이 되어 신하들에게 처음 한 말이 "의논하자."였으며, 실제로 항상 아랫사람들의 의견을 물었다. 신하들의 의견이나 비판이 아무리 까다로워도 "네가 말해 주어 고맙지만……."이라며 일단 긍정한 후 자신의 생각을 피력했다.
     - 늘 심사숙고하며 정밀한 대안을 마련하고자 노력했다.
     - 주어진 일을 곧잘 해내는 유형에게는 구체적이고 명확한 과제를 주고, 창의적이고 주체적으로 일을 도맡아 하는 유형에게는 개방적인 과제를 주고 간섭을 최소화하는 등, 인재의 유형에 따라서 과업을 부여하였다.

   - **이순신**: 조선 시대의 장수(1545~1598)로, 임진왜란 때 수군을 이끌고 전투마다 승리를 거두어 조선을 위기에서 구하는 데 큰 공을 세웠다.
     - 전쟁 발발 전 전라 좌수사로 부임하자 군량미, 진지 구축, 무기 관리 등을 점검하여 유사시에 대비했다.
     - 전투가 끝나면 부하들의 전공을 반영하여 보고서를 작성하고 누구든지 차별 없이 포상토록 했으며, 징벌을 매우 엄격하게 하여 군율을 세워 나갔다.
     - 직언을 서슴지 않았으며, 정승이나 권력자의 청도 특별한 이유가 없으면 들어주지 않았고 만남도 거절하였다.

   - **정조**: 조선 왕조 제22대 왕(재위 1776~1800)으로, 생부 사도 세자가 비극적으로 죽는 등 정치적 기반이 취약한 상황에서 왕위에 올랐지만 강력한 왕권을 구축하였다.
     - 신하들을 직접 가르치거나 과제 검사를 하고 시험까지 치르게 해 자신이 원하는 방향으로 훈련시켰다. 뛰어난 학식을 가지고 어전 회의를 늘 주도하면서 신하들에게 자신의 개혁 정책을 가르치거나 설득하였고, 국정 목표를 설정해 놓고 동참하도록 위협하기도 했다.
     - 신하들이 날카롭게 비판을 하면 "그렇지 않다."고 분명히 말하거나 논쟁을 유발하는 발언을 많이 했다. 자신의 뜻을 관철시키기 위해 같은 말을 종이 한 장에 열 번씩 나올 정도로 반복하기도 하였다.

❶ 세 사람의 리더십에 대해서 다음 보기를 참고하여 설명해 봅시다.

보기			
타협	카리스마	협의	원칙 중심
다변	융통성 없음	청렴	추진력
조화	신중함	공정함	

- 세종대왕:
- 이순신:
- 정조:

❷ 세 사람이 보여 준 리더십의 특징을 한 문장으로 정의해 보고 그 이유를 설명해 봅시다.

2) 역사 속에서 여러분이 존경하는 리더는 누구인지 이야기해 봅시다.

❶ 여러분이 존경하는 리더는 누구이며, 그 이유는 무엇입니까?

여러분 나라의 역사 속 리더 중에서

세계 여러 나라의 역사 속 리더 중에서

❷ 그 사람은 어떤 시대적 배경에서 어떤 리더십을 발휘하였으며, 이를 통해 어떤 역사적 업적을 이루었는지 이야기해 봅시다.

	말할 내용	참고 표현
인물 소개	제가 존경하는 인물은 스티브 잡스입니다.	• 제가 존경하는 인물은 _____입니다.
시대적 배경	이 사람은 현대 컴퓨터가 개발되고 스마트폰을 통해 전 세계에 대중화되는 시기에 활동한 사람입니다.	• 이 사람은 _____에서 _____ 시기에 활동한 인물입니다.
업적	그는 몇 번의 큰 실패와 성격에 대한 논란에도 불구하고 개인용 컴퓨터와 스마트폰을 통해 인류 삶의 대변혁을 이뤄냈습니다.	• _____에도 불구하고 _____을/를 이뤄냈습니다.
장점	특히 아이폰을 개발함으로써 현재 전 세계 개인들의 삶 속에 인터넷이 자리 잡도록 하는 데 크게 기여하였습니다.	• 특히 _____함으로써 _____에 기여하였습니다.
나에게 특히 와닿았던 부분	저는 아이폰을 사용하기 시작하면서 이 사람에 대해서 알게 되었습니다. 새로운 물건을 발명하거나 새롭게 변화시키는 일은 무척 어려운데, 이 사람은 늘 새로움을 추구하고 또 실현시켰다는 점에서 대단하다고 생각했습니다.	• 저는 _____(으)면서 이 사람에 대해서 알게 되었습니다. _____ 어려운데 이 사람은 _____다/라는 점에서 대단하다고 생각했습니다.

2. 현대 사회의 리더십에 대해서 이야기해 봅시다.

1) 다음 자료를 보고 여러 가지 리더십 유형에 대해서 이야기해 봅시다.

> **가** 서비스 리더십
> - 조직 위에 군림하는 리더십이 아니라 조직 내부에서 자발적으로 형성되는 리더십이다.
> - 조직 구성원에게 동기를 부여하고 그들의 성공을 지원하는 데 역점을 둔다.
> - 특히 남에 대한 배려는 그저 '착하기만' 하다고 되는 게 아니며 센스가 있어야 가능하다.
>
> **나** 카리스마 리더십
> - 조직 구성원에게 동기와 비전을 부여하여 열정을 불러일으키며 남다른 통찰력과 카리스마로 구성원들을 이끈다.
> - 공감할 줄 알고 상대방을 배려할 줄 아는 한편, 분석이 뛰어나고 빠른 판단을 내리는 결단력이 있으며, 일을 진행할 때는 엄청난 추진력을 보여 주기도 한다.
>
> **다** 감성 리더십
> - 조직 구성원이 다양해지고 가치관이 빠르게 변하면서 구성원들의 감성을 이해하고 배려할 필요가 생겼다.
> - 직원 개개인의 상황에 따라 맞춤형 배려를 제공하여 직원들의 동기를 진작시킨다.
> - 리더 혼자만 직원들의 감성을 이해하고 공감하는 것이 아니라 직원들 간에도 서로 우호적인 관계를 맺고 상호 협력하게 한다.

❶ 다음 보기를 참고하여 **가** – **다** 리더십의 특징에 대해서 설명해 봅시다.

> **보기**
>
> | 겸손 | 열정 | 카리스마 | 천재형 |
> | 배려 | 위임 | 관계 중심 | |

가   **나**   **다**

❷ 우리 주변이나 유명인 중에서 리더십의 유형을 찾아봅시다. 그 리더십에는 어떤 장점과 단점이 있습니까?

2) 현대 사회에 어떤 리더십이 필요할지 이야기해 봅시다.

❶ 현대 사회에서 리더에게 요구되는 가장 중요한 자질은 다음 보기 중 무엇이라고 생각합니까? 그 이유는 무엇입니까?

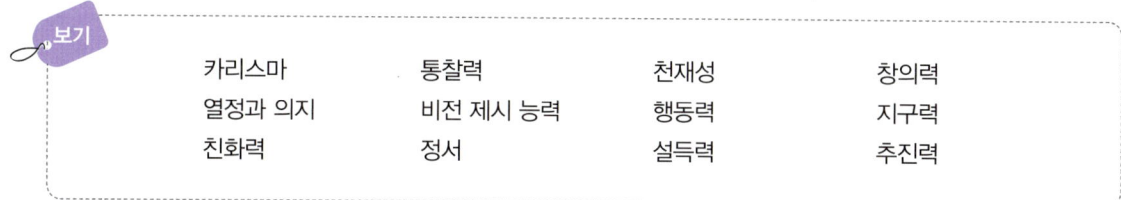

보기

카리스마	통찰력	천재성	창의력
열정과 의지	비전 제시 능력	행동력	지구력
친화력	정서	설득력	추진력

❷ 여러분이 경험한 긍정적 또는 부정적인 리더십의 사례가 있으면 이야기해 봅시다.

❸ 여러분이 리더가 된다면 어떤 리더가 되고 싶습니까? 그 이유는 무엇입니까?

❹ 이야기한 것을 종합하여 여러분이 생각하는 '현대 사회에 필요한 리더십'에 대해서 발표해 봅시다.

	말할 내용	참고 표현
현대 사회의 특성		• 현대 사회는 ＿＿＿을/를 보이고 있습니다.
주장 및 이유		• 이런 현대 사회에서는 ＿＿＿이/가 무엇보다 중요합니다. 왜냐하면 ＿＿＿기 때문입니다.
사례나 근거 강화		• ＿＿＿은/는 바로 이러한 리더십의 대표격이라고 할 수 있습니다. 이런 리더는 ＿＿＿함으로써 ＿＿＿수 있도록 합니다.
마무리		• ＿＿＿은/는 현대 사회에서 다른 무엇보다 중요하다고 할 수 있습니다.

과제 말하기

1. 토론에서 입론의 구조와 표현에 대해서 생각해 봅시다.

1) 다음 입론을 듣고 함께 이야기해 봅시다.

가 ( )	최근에 이순신 장군에 관한 영화가 인기를 끌면서 이순신의 원칙주의 리더십이 주목 받고 있습니다. 실망만을 안겨 주는 정치권에 대한 염증, 국가적인 위기 상황에서 보여 준 지도자의 리더십 부재 현상 등이 이순신 리더십에 대한 갈망을 불러온 것이죠.
나 ( )	이순신 장군이 비록 엄격한 원칙주의로 인해 답답하다, 융통성이 없다는 평을 듣기도 하지만, 저는 바로 그런 원칙을 지키는 엄격함이 우리 시대에 꼭 필요하다고 생각합니다.
다 ( )	지금 우리 사회에 기본적인 원칙을 지키지 않아서 생기는 사고가 얼마나 많습니까? 얼마 전에 야외 공연장에서 발생한 사고도 주최 측에서 관객이 몰릴 것을 대비해 바리케이드를 만들고 안전 요원들이 제 역할을 할 수 있도록 제대로 교육을 시켰다면 발생하지 않았을 것입니다. 기본적인 가이드라인이나 원칙이 무시되는 사회에서는 이런 사고가 계속 발생할 수밖에 없습니다.
라 ( )	따라서 저는 사회 구성원들이 원칙을 중요하게 여기고 이를 철저히 지키도록 하는 엄격한 원칙주의 리더십이 그 어느 때보다 절실한 때라고 생각합니다.

❶ 이 발언의 중심 주장은 무엇인지 말해 봅시다.

❷ 이 글은 위와 같이 가 - 라 네 부분으로 나눌 수 있습니다. 각 부분에 어떤 내용이 들어가 있는지 다음 보기에서 골라 ( ) 안에 써 봅시다.

보기: 도입   논거 제시   입장 밝히기   마무리

2. 다음 논제에 대해서 자신의 주장을 정리하여 토론해 봅시다.
Track 10_2

> 사회자: 오늘 역사 토론은 리더십이 주제입니다. 최근에 이순신 장군에 관한 영화가 인기를 끌면서 그의 리더십에 대한 논의가 뜨거운데요. 요즘 우리 사회에 원칙을 지키지 않아서 생기는 여러 가지 사건 사고가 끊이지 않다 보니 이런 엄격한 원칙주의 리더십에 대한 갈망이 커진 것 같습니다. 현실과 타협하지 않는 이순신의 철저한 원칙주의에 대해 융통성이나 유연성이 필요한 상황에서도 고집을 꺾지 않는 모습이 답답하다는 반응도 있는데요. 반면 어려운 상황일수록 원칙을 지켰기 때문에 위대한 리더로 평가할 수 있다는 반응도 있습니다. 그래서 오늘은 이순신의 원칙주의 리더십이 현대 사회에도 유효한지에 대해 한번 토론해 보겠습니다.

1) 사회자가 이야기한 이 토론의 논제는 무엇입니까?

2) 논제에 대한 나의 주장은 무엇입니까?

3) 다음 기준을 참고해 주장을 뒷받침하는 근거를 찾아봅시다.

- **사례 선택:** 출처를 명시한 대표성 있고 신뢰할 만한 사례 선택
- **통계 자료 활용:** 대표성이 있으면서 신뢰할 수 있는 정보원에서 나온 통계 자료 활용
- **전문가의 견해 인용:** 관련 분야의 전문가나 권위자가 강연이나 인터뷰, 사설, 논문 등에서 밝힌 견해 인용

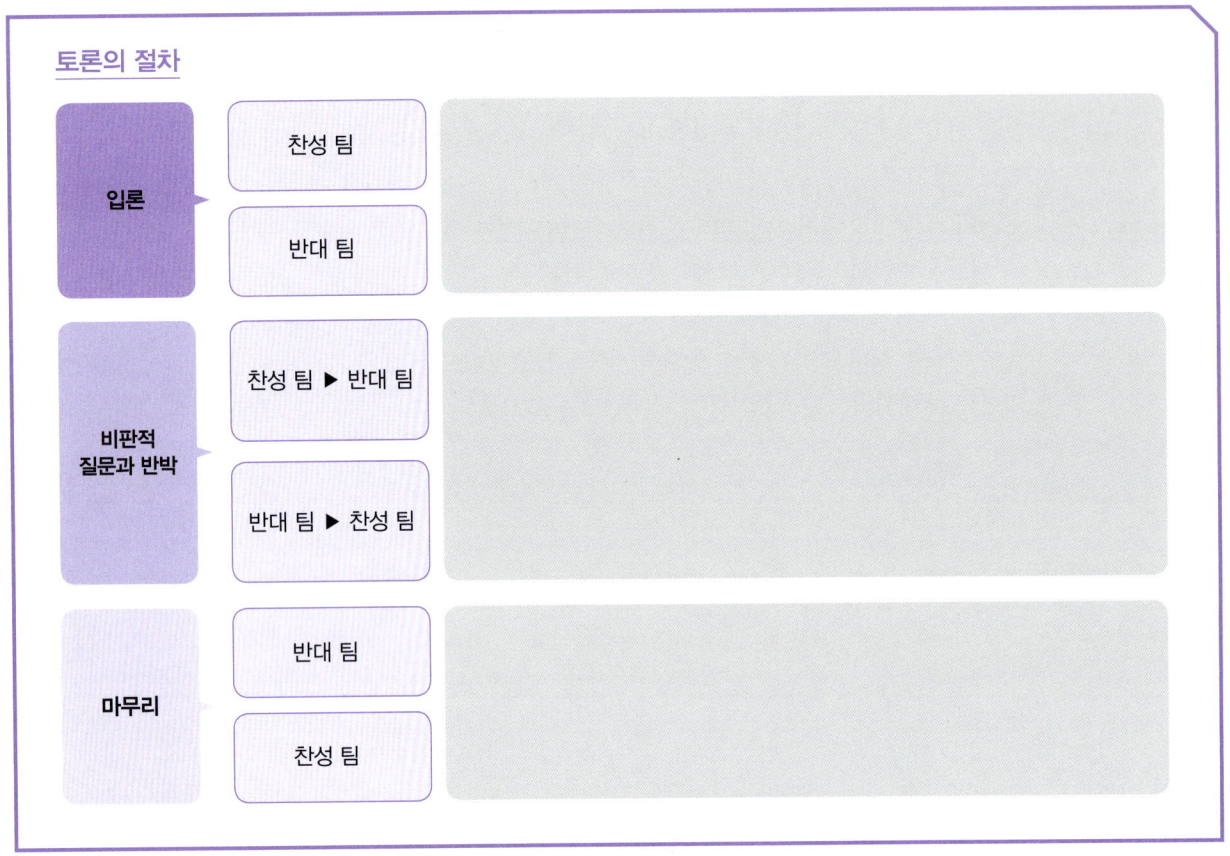

3. 입론을 구성하여 토론해 봅시다.

1) 다음 보기의 여러 토론 논제 중 적절한 것을 골라 자신의 주장과 근거를 정리해 봅시다.

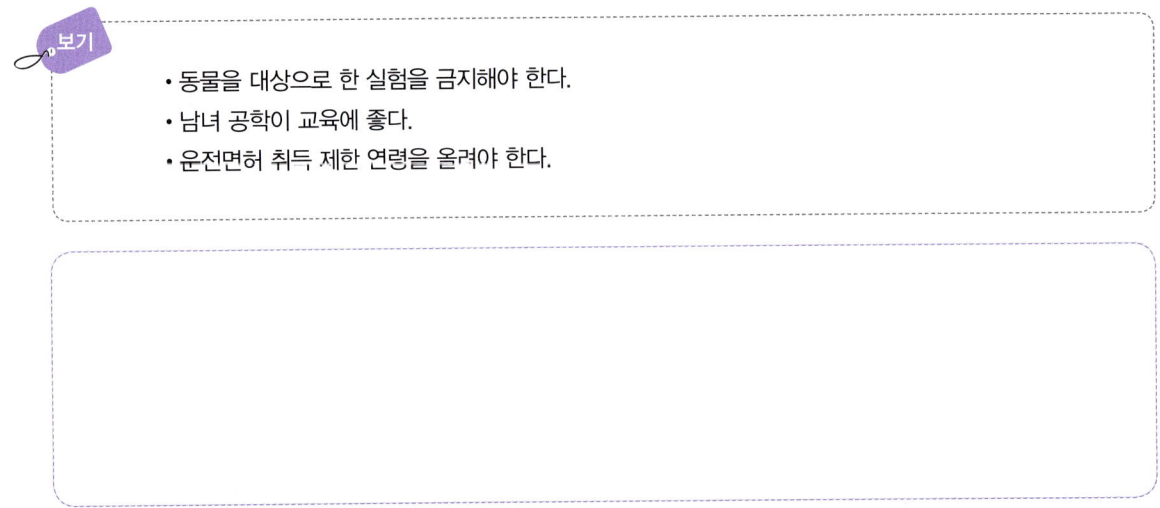

2) 입장을 정하고 흥미로운 도입과 논리적인 근거들을 통해 입론 발언을 준비해 봅시다.

	말할 내용	참고 표현
주제 도입		• 최근 _____고 있습니다. • _____에 대한 관심이 높습니다.
입장 밝히기		• 저는 _____에 대해 찬성/반대합니다.
논거 제시		• 제가 찬성/반대하는 이유는 무엇보다도 _____기 때문입니다. • 또한 _____(으)면 _____게 될 수 있습니다. • 예를 들면 _____와/과 같은 것들이 있습니다.
주장 정리		• _____을/를 통해서 _____할 수 있을 것이라고 봅니다. • 이런 이유들에 따라 저는 _____에 찬성/반대합니다.

자기 평가

학습한 내용을 스스로 평가해 봅시다.

☐ 조선 시대 대표적인 인물의 리더십에 대해서 말할 수 있다.
☐ 현대 사회에 필요한 리더십에 대해서 이야기할 수 있다.
☐ 토론의 절차에 대해서 설명할 수 있다.
☐ 토론에서 효과적으로 입론 발언을 할 수 있다.

11과 미래 기술과 인류

○ 미래 사회에서 우리 생활이 어떻게 변화할지 이야기해 봅시다.

한국인터넷진흥원 보도자료(2016), '30년 후 미래는 인간과 가상현실, 로봇이 함께하는 새로운 시대' (https://www.kisa.or.kr/notice/press_View.jsp?mode=view&p_No=8&b_No=8&d_No=1459)

주제 말하기

1. 미래의 로봇은 어떤 모습일지 이야기해 봅시다.

1) 다음 자료를 보고 우리 주위에서 로봇이 활용되는 영역에 대해서 이야기해 봅시다.

- **스웨덴 디라벨(DeLaval) 사의 로터리식 착유기 '디라벨 암(Delaval AMR)'**
  최대 5개의 로봇 팔을 통해 소 90마리를 전자동으로 착유하고 유두 소독까지 전담함.
- **일본 농식품산업기술종합연구소의 '딸기 수확 로봇'**
  2개의 카메라를 사용해 딸기의 숙성 정도를 판정함.
- **일본 아시트(ASIT) 사의 로봇 애완견 '파로'**
  팔을 쓰다듬거나 안고 있으면 안정감을 느끼게 하는 효과가 있음.

로봇 청소기

| 생활 | |
| 산업 | |

2) 미래에 어떤 로봇이 나타나게 될지 생각하여 이야기해 봅시다.

	말할 내용	참고 표현
로봇의 기능	저는 미래에 자동으로 몸을 씻겨 주는 로봇이 나올 것 같습니다.	• _____ 로봇이 나오게 될 것 같습니다. • 영화에서 보던 것처럼 ……. • 예를 들면 _____ 같이 말이에요.
로봇의 효과	이런 로봇이 생기면 아침에 많은 시간을 들이지 않고도 외출 준비를 할 수 있을 것입니다.	• 이런 로봇이 생기면 _____ 수 있다는 장점이 있습니다. • _____ 지 않고도 _____ 수 있을 것입니다.

2. 기술 발달에 따른 윤리적 문제에 대해서 이야기해 봅시다.

1) 미래 사회에서 부정적으로 바뀔 것이라고 생각하는 부분이 있습니까? 있다면 무엇인지 이야기해 봅시다.

예)	인간관계	가족 간의 관계	환경 문제	인권 / 빈부 격차

2) 다음 자료를 보고 로봇 활용에 따른 윤리적 문제에 대해서 이야기해 봅시다.

● 정보 처리에 따른 개인 정보 수집 문제

○○이 개발한 대화형 로봇 △△△은 아이와 장시간 대화하거나 같이 놀아 줌으로써 친구가 되거나 아이를 감독하거나 공부에 도움을 줄 수도 있다. 그런데 여기서 비디오 녹화 등으로 서비스 대상의 사적 정보를 수집하고 기록하기 때문에 프라이버시 문제가 발생할 수 있다.

● 누가 로봇 행동에 대한 책임을 질 것인가?

군사 로봇은 전쟁에서 인간 살상 무기로 활발하게 개발되고 있는데, 이들은 인간을 죽일 수 있는 힘을 갖는다는 점에서 논란이 크다. 군사 로봇이 사탕을 든 아이와 총을 든 남자를 구별할 수 없는 상황에서 살상 능력을 사용한다면 과연 그 책임은 누가 질 것인가?

❶ 로봇의 개발 및 사용에 있어서 어떤 윤리를 지켜야 할지 이야기해 봅시다.

개발	
사용	

❷ 로봇을 안전하고 윤리적으로 활용하기 위해서는 어떤 방안이 필요할지 이야기해 봅시다.

3. 인간과 같이 감정을 가진 로봇이 등장한다면 어떻게 될지 이야기해 봅시다.

> 영화 〈채피〉는 감정을 느낄 줄 아는 로봇이 야기할 인간의 갈등을 다룬 영화이다. 로봇 '채피'가 인간의 감정에 반응을 보이기 시작하자 주변 모든 사람들이 채피를 친구로 받아들이기 시작하고, 나중에 주인공 인간은 인간과 로봇 '채피' 중 누구를 살릴 것인가 고민한다.
> 로봇 '채피'가 영화에서 보여 준 감정 반응은 기술적으로 충분히 가능한 이야기이다. 로봇은 사람의 표정과 음성 패턴을 인식하여 사람의 심리 상태를 유추할 수 있기 때문이다. 물론 로봇의 감정은 분명 인간의 감정과는 작용 방식이 다르지만, 결과적으로 나타나는 현상은 같다고 할 수 있다. 그렇다면 미래에 결국 로봇은 감정을 가진 존재라고 인정하고 살게 되지 않을까?

1) 주인공은 자신과 정서적 공감을 나눈 로봇이 없어질 위험에 처하자 이 로봇을 구하기 위해서 고군분투합니다. 로봇을 구하기 위해 인간을 해치는 행동에 대해서 여러분은 어떻게 생각합니까?

2) 감정을 가진 로봇을 인간이라고 할 수 있을까요? 그렇지 않다면 그 이유는 무엇입니까?

❶ 로봇이 감정을 가졌다면 인간과 동일하다고 볼 수 있다고 주장해 봅시다.

▶ 그렇게 생각한 이유는 무엇입니까?

▶ 이 경우 로봇은 인간의 어떤 핵심 가치를 공유하고 있다고 할 수 있습니까?

▶ 이렇게 주장했을 경우 예상되는 반론은 무엇입니까?

❷ 아무리 로봇에게 감정이 있다고 해도 인간과는 같아질 수 없다고 주장해 봅시다.

▶ 그렇게 생각한 이유는 무엇입니까?

▶ 이 경우 로봇과 인간의 근본적인 차이점은 어디에 있다고 할 수 있습니까?

▶ 이렇게 주장했을 경우 예상되는 반론은 무엇입니까?

❸ 각 입장에서 어떻게 설득해야 효과적일지 다음 보기의 방법을 활용하여 근거를 강화해 봅시다.

 보기   가정하기   인정하기   구분하기 / 부정하기   사례 들기 / 반례 들기

입장	근거
감정을 가졌다면 인간과 동일하다	
감정이 있다고 해도 인간과 같아질 수 없다	

-다/라고 한다면 -다/라는 것이 될까요?

만약 -다/라고 한다면 -은/는 어떻게 생각할 수 있을까요?

💡 과제 말하기

1. 토론에서 자기 주장을 강화하는 방식에 대해서 알아봅시다.

1) 다음은 인공 지능 로봇이 인간으로까지 진화할 수 있는지에 대한 토론의 일부입니다. 잘 듣고 함께 이야기해 봅시다.

가 반대	그럼 우리는 감정을 가진 로봇을 어떻게 대해야 할까요? 제 생각에는 그럼에도 불구하고 이들이 기계이고 사람이 아니라는 사실은 변하지 않는다고 생각합니다. 사실 요즘 인간의 존엄성이 점점 땅에 떨어지고 있는 등 많은 혼란과 갈등이 있습니다. ①<u>하지만 어떤 상황에서도 인간 존재의 절대성은 부정할 수 없을 것입니다.</u> 결국 로봇도 사람을 위해 만든 기계입니다. 그렇기에 기계는 절대로 사람보다 우선시 되어서는 안 되는 것입니다. ②<u>만약 주인이 없다면 로봇이 과연 어떤 가치를 가지게 되는 것일까요?</u> 결국 어떠한 가치도 사람과 생명의 가치보다 우선시 될 수 없습니다.
나 찬성	그렇다면 드리고 싶은 질문이 하나 있는데요. ⓐ<u>과연 상대 팀에서는 인간이 뭐라고 생각하시나요?</u> ⓑ<u>지금 배아 복제, 유전자 조작 등을 통해서도 사실 조작적으로 우리가 생명을 조정할 수 있는 상황입니다.</u> ⓒ<u>로봇에 인간의 유전자를 활용한 기관이 있다면 그것을 인간이라고 볼 수 있습니까?</u>
다 반대	네, 어려운 질문인데요. 저는 아무래도 인간이 가진 고유한 특성에 그 구별이 있다고 봅니다. 어떤 이성과 마음, 또 존엄한 자연의 방식으로 나타난 생명이라는 점, 그런 게 아닐까요? 이런 가치들은 아무리 로봇이 개발된다고 해도 인간만이 가지는 특성이라고 할 수 있을 겁니다.
라 찬성	그러시군요. ③<u>물론 인간에게 절대적 가치가 있다고도 볼 수 있겠지만, 이는 결국 과학 기술의 발달에 따라서 다른 상황이 되지 않을까 싶습니다.</u> 저는 아까 말씀드린 그 영화 내용과 관련해서 말씀드려 보겠습니다. 영화 속에서 보면 마지막에 인공 지능 로봇은 주인공 과학자의 두뇌와 감정을 받아들이게 됩니다. 이 경우 이 로봇을 사람이 아니라고 할 수 있을까요? ④<u>물론 이것은 영화 속의 상상일 수도 있는데, 먼 훗날 이런 일이 일어나지 않는다고 누가 장담할 수 있겠습니까?</u> 말씀하신 이성, 감성 등을 모두 로봇이 가지게 된다면요. 이미 영화적 상상력에서는 인간과 로봇이 정서적 교감을 나누기도 하고, 또 다른 영화에서는 인공 지능과 인간이 사랑에 빠지기도 하고 그렇지 않습니까? 그러니까 결국 인간이냐 아니냐가 굉장히 모호한 문제일 수 있다는 겁니다.

❶ 가 – 라 의 발언 요지를 요약해 봅시다. 어느 편의 주장이 타당하다고 생각합니까? 여러분의 의견을 말해 봅시다.

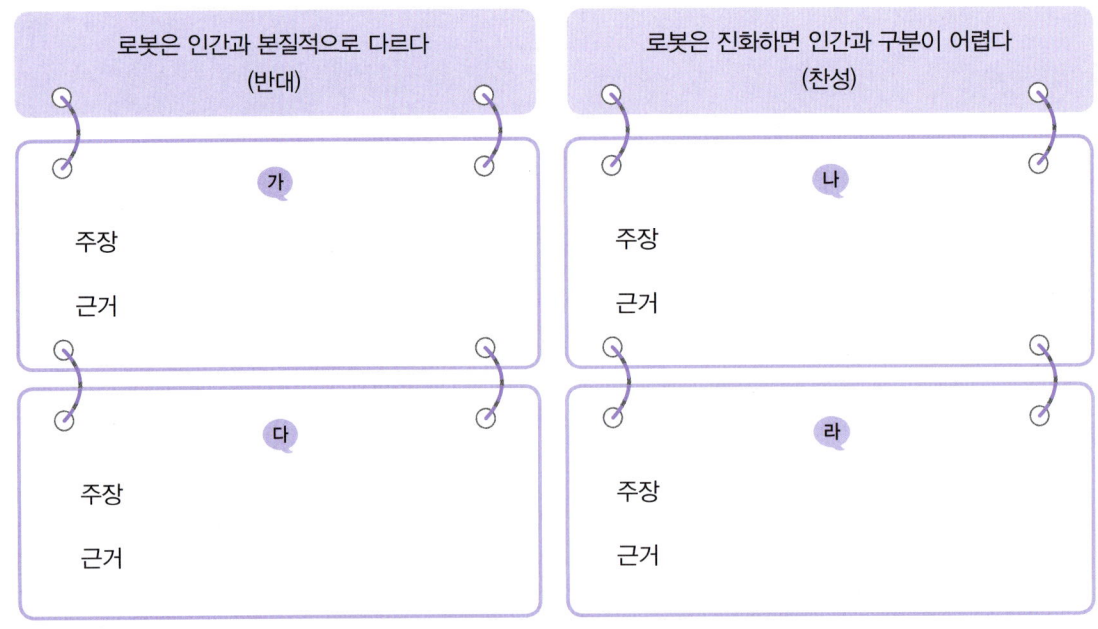

❷ 앞 토론에서 밑줄 친 ①–④ 각 부분의 기능을 다음 보기 중에서 골라 봅시다.

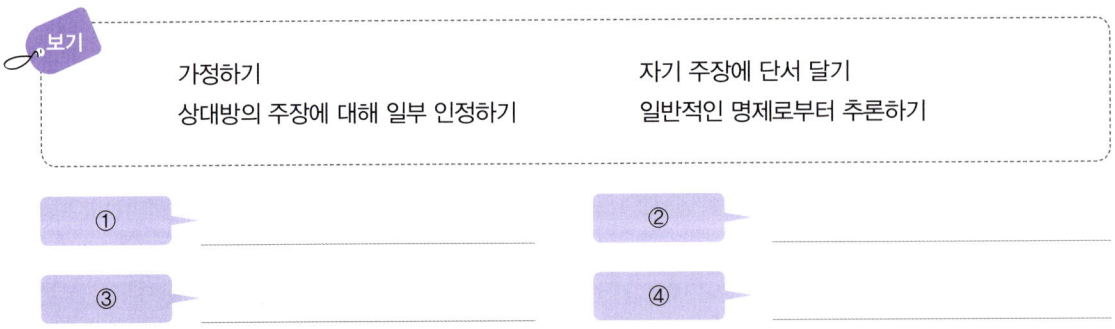

❸ 나 에서는 상대방에 대해 비판적인 질문을 하고 있습니다. 밑줄 친 ⓐ–ⓒ 각 부분의 기능을 다음 보기 중에서 골라 봅시다.

보기   배경 설명   핵심 질문 내용   질문 내용 상세화

ⓐ _____   ⓑ _____

ⓒ _____

2. 미래 사회의 로봇과 관련된 주제에 대해서 토론해 봅시다.

1) 토론 주제를 정하고 찬반 팀을 나누어 토론을 준비해 봅시다.

> • 로봇 기술 발달은 위험성을 가지므로 제한해야 한다.
> • 전투 로봇을 통해 민간인을 살상했을 경우 책임은 로봇을 조종한 사람에게 있다고 할 수 있다.
> • 인간과 같이 감정과 판단을 내릴 줄 아는 로봇이 나타나면 이들은 제3의 인류로 인간과 같이 대우해야 한다.

2) 자신의 주장을 예시, 비교, 부정, 가정하기를 통해 설득력 있게 제시해 봅시다.

		말할 내용		참고 표현
주장				• 저는 _____ 다/라고 봅니다.
뒷받침 하기			예시 들기	• 예를 들면 _____의 사례를 살펴봅시다.
			비교 하기	• _____와/과 달리 _____은/는 …….
			부정 하기	• 중요한 것은 _____이/가 아니라 _____ 것입니다.
			가정 하기	• 만약 _____(이)라면 어떤 일이 일어날까요? • _____라고 해도 _____는 할 수 없을 것입니다.

자기 평가

학습한 내용을 스스로 평가해 봅시다.

☐ 로봇 기술의 순기능과 역기능에 대해서 말할 수 있다.
☐ 로봇과 인간성에 대해서 자신의 의견을 이야기할 수 있다.
☐ 가정하기, 비교하기 등 다양한 방식을 통해 자신의 주장을 강화할 수 있다.

12과 스마트 시대의 의사소통

○ 여러분은 인터넷이나 스마트폰을 통해 주로 어떤 활동을 합니까?

| 정보 검색 | 정보 공유 | 인간관계 소통 | 사회적 발언 |

🎓 주제 말하기

1. 인터넷을 통한 정보 공유의 장점과 단점에 대해서 이야기해 봅시다.

1) 여러분은 스마트폰, 태블릿 PC 등 인터넷 기기를 어디에 활용합니까? 또 이러한 기기의 사용을 통해 편리해진 점은 무엇인지 다음 보기를 참고하여 이야기해 봅시다. 💬

   보기
   | 즉각성 | 실시간 | 정보 검색 | 공유 | 속도 | 이동성 |

2) 인터넷 사용의 부작용에는 무엇이 있습니까? 이야기해 봅시다. 💬

   ❶ 인터넷을 통한 정보 공유에 따른 부작용에는 어떤 것이 있습니까? 보기를 참고하여 이야기해 봅시다.

   보기
   | 표현의 자유 | 여론 조작 | 알 권리 | 잊혀질 권리 |
   | 마녀 사냥 | 악성 댓글 | 연관 검색어 | |

   ❷ 인터넷이 개인 생활에 미치는 부작용에는 어떤 것이 있습니까? 보기를 참고하여 이야기해 봅시다.

   보기
   | 중독 | 지나친 몰입 | 게임 | 콘텐츠 소비자로 전락 |

3) 인터넷 사용의 부작용에는 무엇이 있습니까? 구조를 갖추어 이야기해 봅시다.

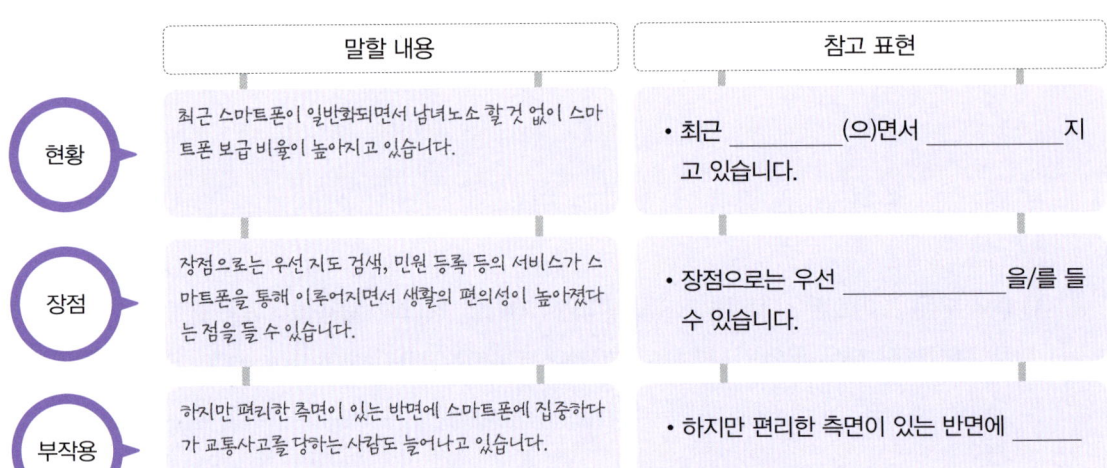

2. 인터넷을 통한 소셜 네트워크 서비스(SNS)나 모바일 인스턴스 메신저(MIM) 서비스가 인간관계에 미치는 영향에 대해서 이야기해 봅시다.

1) 인터넷을 통해서 다른 사람들과 어떻게 연락합니까? 언제 어떤 매체를 어떻게 활용하고 있는지 이야기해 봅시다.

2) SNS나 MIM을 통한 의사소통은 어떤 장점을 갖습니까?

3) 이러한 의사소통의 부작용에는 어떤 것들이 있는지 다음 보기를 참고하여 이야기해 봅시다.

> **보기**
>
> 메신저를 통한 업무로 받는 스트레스   중독   강박증   피상적 인간관계

4) 이러한 인터넷을 통한 의사소통은 오프라인 인간관계에 어떤 영향을 미칩니까? 긍정적 영향인지 부정적 영향인지 이야기해 봅시다.

5) 이러한 인터넷 의사소통의 부작용을 줄이기 위한 방안에 대해서 이야기해 봅시다.

- 개인:
- 회사:
- 정책:

6) 앞선 논의를 토대로 인터넷 의사소통이 인간관계를 풍요롭게 한다는 주장에 대한 여러분의 입장을 정해서 이야기해 봅시다. 해결 방안도 함께 제안해 봅시다.

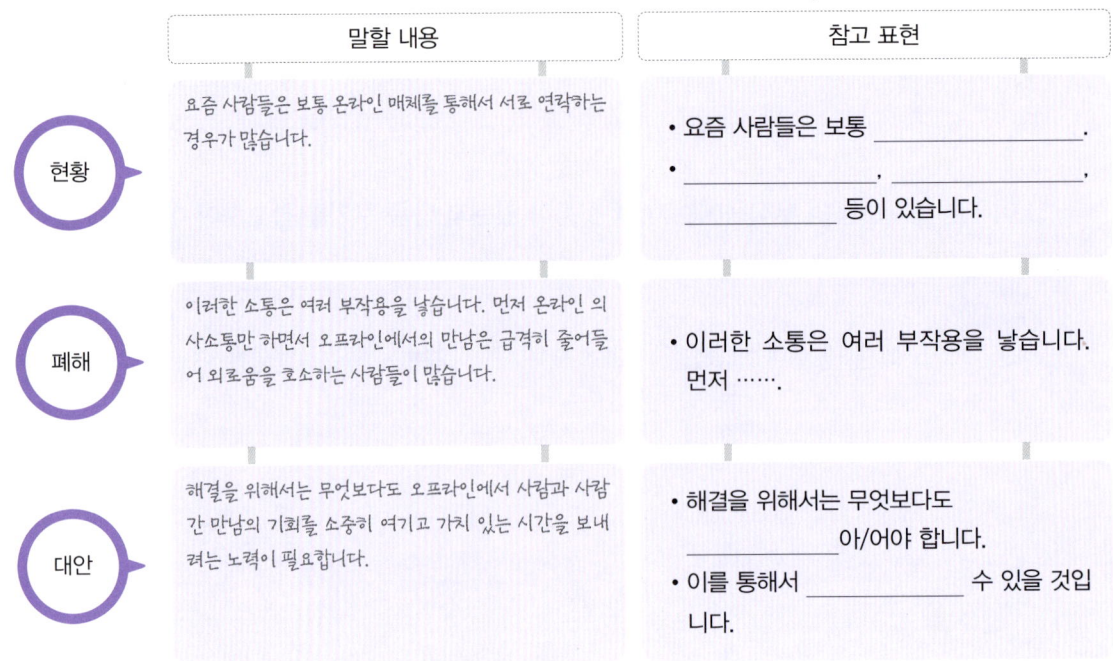

7) 친구들의 의견을 듣고 궁금한 것이 있으면 질문해 봅시다.

3. 청소년의 스마트폰 중독에 대해서 이야기해 봅시다.

1) 청소년의 스마트폰 사용 실태는 어떤지 이야기해 봅시다.

2) 청소년의 스마트폰 사용의 긍정적 측면과 부정적 측면에 대해서 이야기해 봅시다.

❶ 청소년의 스마트폰 사용을 금지해야 하는 이유는 무엇입니까? 다음 자료를 참고하여 말해 봅시다.

청소년 스마트폰 사용의 폐해
- 게임이나 음란물에 무분별하게 노출
- 중독으로 인해 학업 및 일상생활에 방해
- 집중력 저하, 사회성 결여
- 뇌가 강렬한 자극에만 반응하게 되는 팝콘 브레인 현상 발생

❷ 청소년이 스마트폰을 사용해야 하는 필요성은 무엇입니까?

3) 청소년의 스마트폰 사용에 대한 여러분의 의견을 근거를 들어 말해 봅시다.

❶ 여러분은 청소년의 스마트폰 사용에 찬성합니까, 반대합니까?

❷ 그렇게 생각하는 이유 및 근거는 무엇입니까? 구조를 갖추어 주장해 봅시다.

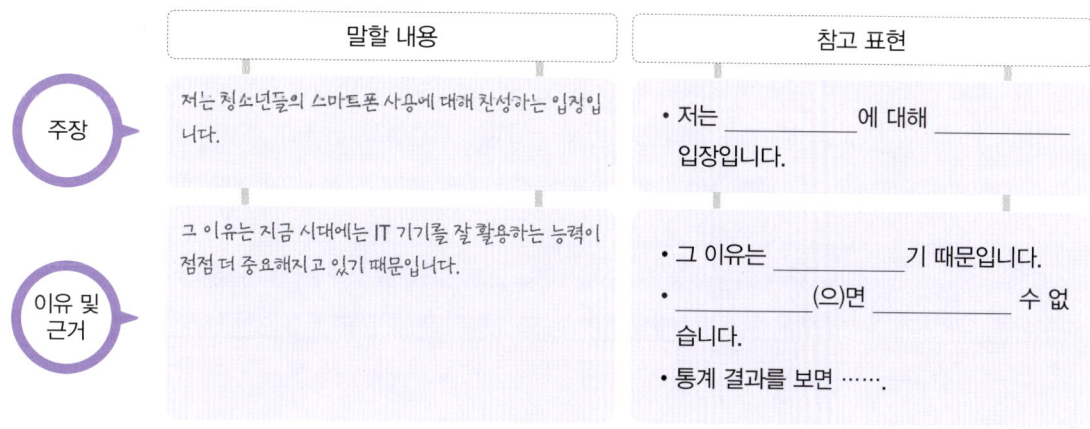

	말할 내용	참고 표현
주장	저는 청소년들의 스마트폰 사용에 대해 찬성하는 입장입니다.	• 저는 _____ 에 대해 _____ 입장입니다.
이유 및 근거	그 이유는 지금 시대에는 IT 기기를 잘 활용하는 능력이 점점 더 중요해지고 있기 때문입니다.	• 그 이유는 _____ 기 때문입니다. • _____ (으)면 _____ 수 없습니다. • 통계 결과를 보면 …… .

과제 말하기

1. 토론에서 비판적 질문의 구성과 표현에 대해서 알아봅시다.

1) 다음 인터넷 의사소통에 대한 토론의 일부를 듣고 질문에 답해 봅시다.

가
반대
(입론
후반부)

　다음으로 말씀드리고 싶은 부정적인 측면은 인간관계에서의 신뢰의 측면입니다. 이것은 크게 두 가지로 살펴볼 수 있는데요. 먼저 인터넷을 통해 사생활 침해가 심각해지고, 이는 나아가 감시의 도구로 활용되고 있다는 겁니다. SNS의 발달로 인해 전문 지식과 정보뿐만 아니라, 개인 정보에 대한 접근 또한 용이해졌는데요. 예를 들어 페이스북의 경우 자신이 동의하지 않은 불특정 타인에게까지 개인 정보가 소개되고 있습니다. 이렇게 자신의 정보가 많은 사람들에게 노출되면서, 우리의 사생활 또한 타인들에 의해 늘 감시받게 되고 있는 것이죠. 이런 감시 상황 가운데서 의사소통 간의 신뢰가 높아진다? 이것은 어불성설이라고 봅니다. 다음으로는요, 인터넷은 기본적으로 다소간의 익명성과 비대면성을 기반으로 하기 때문에, 유통되는 내용의 신뢰성이 많이 떨어진다고 봐야 합니다. 요즈음 SNS를 뒤덮은 광고성 글들, 음해하는 글들이 그 예시라고 할 수 있죠. 이런 상황에서 SNS에서의 진실된 의사소통은 다소 힘들다고 할 수 있는 거죠.

나
찬성
(질의)

　㉠네, 그럼 저희 찬성 측에서 질문을 먼저 하나 드리도록 하겠습니다. ㉡아까 입론 발언에서 인터넷에서 개인 정보가 침해되고 이에 따른 감시의 가능성과, 익명성에 따라서 정보의 신뢰성이 매우 부족하다, 이런 말씀을 하셨는데요. ㉢그런 측면은 일부 사례를 지나치게 일반화한 것이 아닌가 싶습니다. 우리 생활 전반에 SNS를 통한 정보 교환이 자리 잡고 있는 지금의 상황에서 그러한 측면은 물론 존재하지만, 극단적인 사례로 일부에 불과하다고 할 수 있습니다. 사실 그런 광고나 믿을 수 없는 의사소통은 오프라인 의사소통에서도 나타나는 거 아닙니까? 이렇게 다수의 사람들이 매일매일 이용하는 SNS에 대해서는 사람들이 일반적으로 '신뢰'하고 있다는 것이 설문 조사 결과로도 나타난 바 있습니다. 설문 조사 결과를 보면, SNS를 '신뢰한다'는 응답이 40%로 상당히 높음을 볼 수 있고, '보통이다'라는 의견도 47.5%에 이릅니다. 불신할 것이라는 예측은 거의 빗나간 셈이죠. 이제 이런 부작용을 지적하기에는 SNS가 인간 간의 의사소통 그 자체가 되고 있기 때문에, 오프라인 의사소통과 거의 꼭 같은 정도로 부작용도 있고 순작용도 있는 그런 양상이 아닌가 합니다. 이에 대한 답변 부탁드립니다.

| 다 반대 (답변) | 글쎄요. 찬성 측은 인터넷의 영향을 과대 평가하고 있는 것 같은데요. 물론 현재 인터넷을 통한 의사소통이 큰 부분을 차지하기는 하죠. 하지만 오프라인 의사소통을 대체한다고까지 보기엔 어려운 측면이 있습니다. 예를 들면 우리가 중요한 사업상의 파트너와 협상을 한다고 했을 때, 페이스북 메시지로 보낼까요? 아니죠. 페이스타임으로 화상 통화? 뭐 아무래도 가급적이면 직접 만나서 얼굴을 보고 여러 가지 대화를 하며 신뢰를 쌓으면서 협상을 하려고 할 겁니다. 인터넷을 통한 의사소통은 피상적인 정보 제공이나 교류 정도의, 한정적인 역할만 한다고 봅니다. |

❶ 이 토론 대화에서 밑줄 친 ㉠–㉢ 부분의 기능은 무엇이라고 할 수 있습니까? 다음 중에서 골라 봅시다.

상대방에 대한 반박   발언 도입 및 안내   상대방의 내용 요약 정리

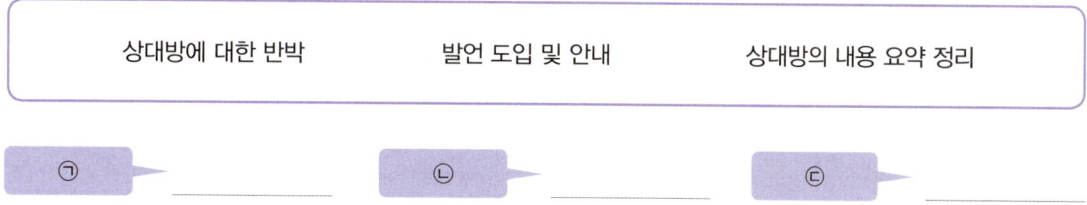

❷ 가 – 다 의 발언 요지를 요약해 봅시다. 또 어느 편의 주장이 타당하다고 생각하는지 여러분의 의견을 말해 봅시다.

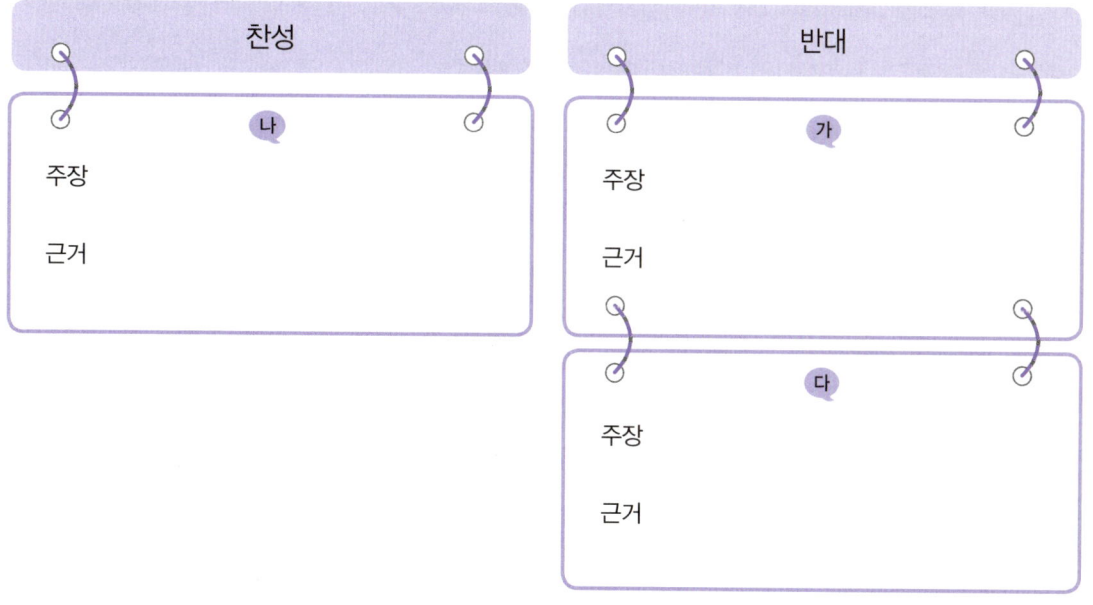

비판적 질문하기

상대방의 의견을 인용하여 화제를 제시한다.

- -라고 하셨는데요, 하지만 여기에는 -문제점이 있습니다.
- -라는 점을 지적하셨는데요, 그렇다면 -에 대해서는 어떻게 생각하시는지요?

2. 인터넷 의사소통과 관련된 주제에 대해서 토론해 봅시다.

1) 다음 중에서 같이 토론할 주제를 선정해 봅시다.

- 아이들의 스마트폰 사용을 허용해야 한다.
- SNS와 스마트폰이 인간관계를 풍요롭게 한다.
- 인터넷 여론은 조작될 가능성이 많으므로 이를 통제할 필요가 있다.

2) 주제에 대해서 자신의 찬반 입장을 준비해 봅시다.

- 주장
- 근거
- 강화

3) 상대 팀에게 비판적으로 질문할 내용을 준비해 봅시다.

	말할 내용	참고 표현
반론 제기하며 질문하기		• _____다/라고 하셨지만 이는 _____게 볼 수 있는 가능성도 있습니다. 이에 대해서는 어떻게 반박하실 수 있을지요?
반례 제기하며 질문하기		• _____다/라고 하셨는데요, 주위에 보면 _____ 경우도 있습니다. 이에 대해서는 어떻게 생각하시는지요?
논점을 명확하게 하는 질문하기		• _____다/라고 하셨는데, 그렇다면 여기서 _____의 구체적인 범위는 어디까지인지 궁금합니다. • 그렇다면 _____까지도 반대하시는 것인지 궁금합니다.

자기 평가

학습한 내용을 스스로 평가해 봅시다.

☐ 인터넷 사용의 장단점에 대해서 말할 수 있다.
☐ 인터넷을 통한 의사소통의 부작용과 개선 방안에 대해서 말할 수 있다.
☐ 인터넷을 통한 의사소통에 따른 문제점에 대해서 토론할 수 있다.
☐ 상대방의 발언에 대해서 요약하고 비판적으로 질문할 수 있다.

13과 복지의 길

○ 어떤 직장에서 일하고 싶습니까? 여러분의 취업 경험이나 계획에 대해서 이야기해 봅시다.

주제 말하기

1. 실업 문제에 대해서 이야기해 봅시다.

1) **실업난의 현황에 대해서 이야기해 봅시다.**

❶ 한국에서 실업 문제의 현황은 어떻습니까? 다음 단어의 뜻을 알아보고 한국 실업난의 현황에 대해서 이야기해 봅시다.

취준생   스펙 5종·7종·9종 세트   삼포 세대

❷ 여러분 나라에서 실업 문제는 어떻습니까? 청년들이 취업하는 데 겪는 어려움이 있으면 이야기해 봅시다.

2) **취업난의 원인에 대해서 이야기해 봅시다.**

❶ 다음 자료를 보고 실업난의 원인에 대해서 이야기해 봅시다.

- **주주 중심 경제 구도**
  - 주식 투자가 기업에 많은 영향력을 미치게 되면서 기업들은 이익을 극대화시키기 위해 인건비를 줄이려 노력함.
- **대학의 직업 교육 부재**
  - 대학의 인력 배출 능력 부족 / 대학 교육과 노동 시장 요구의 불일치
- **대기업 선호**
  - 대기업만 희망하는 신규 노동자들과 고학력을 요구하는 대기업

건국대학교 신문 Popkon, '청년 실업난 그 원인은 무엇인가'(2003. 11. 3. 홍미진 기자) 기사 내용 재구성
(http://popkon.konkuk.ac.kr/news/articleView.html?idxno=505)

❷ 현재 청년 실업난의 원인은 무엇이라고 생각합니까? 그 이유를 정리해서 말해 봅시다.

❸ 위에서 제시한 것 중 무엇이 가장 큰 원인이라고 생각합니까? 또한 추가로 여러분이 생각하는 원인이 있다면 근거를 들어 말해 봅시다.

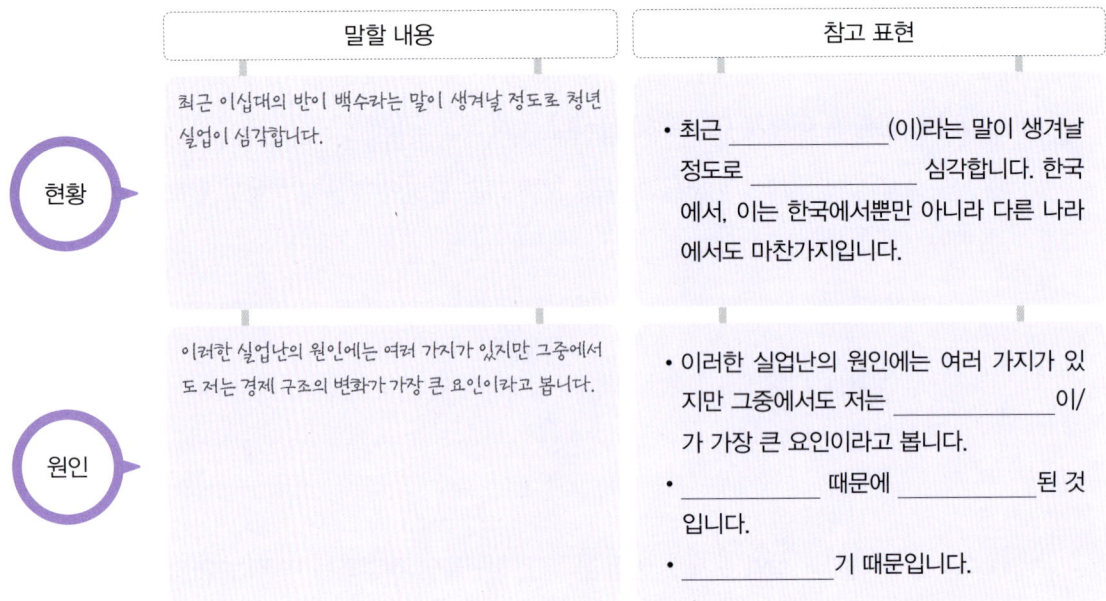

2. 실업 문제의 해결 방향에 대해서 이야기해 봅시다.

1) 여러분 나라에서 고용률 증가, 특히 청년들의 취업난 해결을 위해 제시하고 있는 정책은 무엇입니까? 그 정책이 어떤 효과를 거두고 있는지 이야기해 봅시다.

2) 다음 글을 읽고 '시간제 일자리 확대 정책'의 실효성과 타당성에 대해서 이야기해 봅시다.

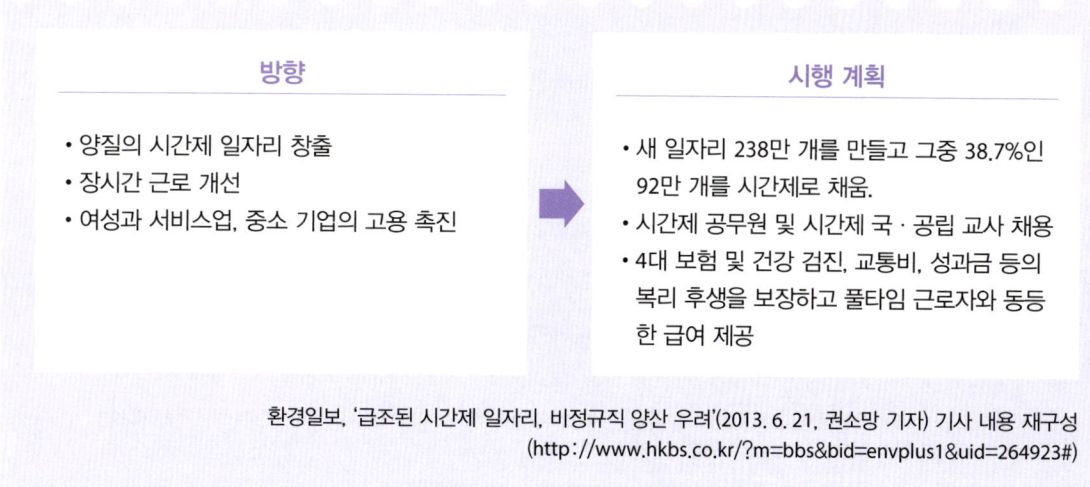

환경일보, '급조된 시간제 일자리, 비정규직 양산 우려'(2013. 6. 21, 권소망 기자) 기사 내용 재구성
(http://www.hkbs.co.kr/?m=bbs&bid=envplus1&uid=264923#)

❶ 이 정책의 주된 내용은 무엇입니까?

❷ 이러한 정책이 실업률 개선에 효과적이라고 봅니까? 부작용이나 보완해야 할 점은 무엇일지 말해 봅시다.

3) 다음 글을 읽고 시간제 일자리 증가의 부정적 측면에 대해서 이야기해 봅시다.

　　시간제 일자리 확대는 시간제 정규직이라는 새로운 비정규직을 양산하고 양극화를 심화시키게 될 뿐이다. 현재 비정규직 노동자들은 정규직 근로자들보다 노동 강도가 높으면서도 고용 안정이나 복지에 있어서는 취약하다. 현행법상 주 15시간 미만 근로자는 퇴직금, 주휴일, 연월차, 휴가 수당 등 주요한 근로 기준법의 보호를 받지 못하고 있다. 이런 점을 악용해 방과 후 코디네이터 등 학교 비정규직은 주 15시간 미만 근무하도록 강요받고 있으며, 이런 근무 계약을 거부했다는 이유로 해고돼 소송이 진행 중이다.
　　따라서 이미 시간제로 운영하고 있는 비정규직 문제를 우선 해결한 뒤 정규직으로 전환하는 대책을 마련해야 한다. 비정규직에 대한 차별 개선, 상시 지속 근무에 대한 정규직화, 과도한 노동 시간에 대한 현장 감시, 최저 임금법 등 법 제도 준수 강화 등의 문제를 먼저 해결해야 한다.

환경일보, '급조된 시간제 일자리, 비정규직 양산 우려'(2013. 6. 21, 권소망 기자) 기사 내용 재구성
(http://www.hkbs.co.kr/?m=bbs&bid=envplus1&uid=264923#)

❶ 이 내용은 앞서 살펴본 '시간제 일자리 확대 정책'을 어떤 측면에서 비판하고 있는지 말해 봅시다.

❷ 이러한 비정규직 일자리의 어려움을 개선할 수 있는 방법을 제안해 봅시다. 또 그 방법에 대해서 예상되는 반론은 무엇이며, 또 이 반론을 어떻게 반박할 수 있을지 이야기해 봅시다.

4) 여러분은 실업 문제에서 양적 확대가 우선이라고 생각합니까, 질적 개선이 우선이라고 생각합니까? 여러분의 의견을 설득력 있게 주장해 봅시다.

말할 내용	참고 표현
주장: 저는 실업 문제를 해결하기 위해서는 무엇보다 취업 교육을 위한 정부의 지원이 중요하다고 생각합니다.	• 저는 실업 문제를 해결하기 위해서는 무엇보다 _____ 이/가 중요하다고 생각합니다.
이유/근거: 현재 좋은 직장을 얻기 위해서는 새로운 기술을 익히는 교육의 기회가 무엇보다 중요한 상황입니다.	• 현재 _____ 상황입니다. • 무엇보다 _____ 이/가 중요합니다. • _____ 다/라면 _____ 게 될 것입니다.

🔊 과제 말하기

1. 토론에서 반박하는 방식과 표현에 대해서 알아봅시다.

1) 다음 비정규직 문제에 대한 토론의 일부를 듣고 물음에 답해 봅시다.

> **가**
> **반대**
>
> 먼저 지적하는 것은요. 정책에 비용이 너무 많이 듭니다. 통계 조사에 따르면 시간제 일자리 창출을 위한 기업 지원금으로 최대 5조 3,000억 원이 소요됩니다. ① 이 재원은 어디서 충당합니까? 아마 고용 보험료가 이를 위해서 대폭 인상되지 않을까 합니다. 이 정책 시행을 위해서 국민이 매달 더 많은 고용 보험료를 납부함으로써 희생을 치러야 한다는 겁니다. 또 다음으로 현재 시간제 일자리 현황을 한번 살펴보겠습니다. ② 시간제 일자리는 법적으로 한시적 혹은 기간제 근로자, 시간제 근로자, 비전형 근로자로 정년을 보장받지 못하는 일자리를 모두 말하는 거지요. 이들의 통계를 보면 시간제 일자리의 비중이 계속 늘고 있습니다. 정부가 나서서 늘리지 않아도 이미 정규직 일자리는 줄어들고 시간제 일자리는 계속 늘어나고 있다는 말입니다. 그런데 이 시점에서 정부가 이를 더 늘린다고 하면 실업 문제가 해결되는 겁니까? ③ 물론 겉보기에 일자리 수는 늘어나겠지만요. 근본적인 시간제 일자리 증대가 실업 문제의 해결책이 될 수 없는 이유는 결국 시간제 일자리의 질이 열악하고 임금이 낮은, 소위 질이 좋지 않은 일자리라는 데 있습니다. 통계청 자료에 의하면 시간제 일자리의 임금은 점점 저하되고 있거든요.

> **나**
> **찬성**
>
> 네, 뭐 지금 시간제 일자리가 아주 안 좋은 일자리라고 말씀을 하시는데요. 이 정책에서 강조하는 거는요, 30~40대 기혼 여성 등 여성의 경제 참여를 높이는 데 있는 겁니다. ④ 아시다시피 한국 여성 인력의 경제 활동 참여율은 50% 안팎에 불과합니다. 다른 선진국들은 80%에 육박하는데 턱없이 부족한 수치지요. 장기적으로 저출산 고령화 시대에 대비하기 위해서라도 현재 여성 인력을 활용하는 것은 중요하고요. 특히 한국에는 고학력 여성 인력이 풍부한데 이들이 경제 활동에 참여하지 못하는 이유는 아무래도 육아 문제 때문 아니겠습니까? ⑤ 우리 주변에 일 잘하다가 아이 낳으면 육아 때문에 그만두는 고급 여성 인력이 얼마나 많습니까? 정규직으로 일을 했을 때는 가정을 잘 돌보지 못하니까 부담스러운 거지요. 하지만 시간제 일자리를 활용하면 이런 젊은 여성들이 낮 시간을 활용해서 경제 활동에 참여하는 게 가능하지 않습니까? 이들한테는 오히려 시간제 일자리가 선호되는 일자리인 겁니다. 꼭 높은 임금을 받지 않더라도요.

| 다 반대 | 네, 위원님 말씀도 옳습니다. 옳은데요, 그런데 하나는 알고 둘은 모르신다, 이런 말씀을 드리고 싶습니다. ⑥지금 30~40대 여성 인력이 시간제 일자리를 선호한다고 하셨는데요, 그건 사실과 다릅니다. 통계를 보면 시간제 근로자 중에 기혼 여성들이 많은데요, 하지만 이들이 자발적으로 시간제로 일하는 것이냐 하면 그렇지 않다는 걸 보여 줍니다. 기혼 여성 시간제 근로자에게 조사를 했더니, 이들 중 비자발적 시간제 근로자의 비중이 58.9%입니다. 즉 반 이상이 정규직 일자리를 구하지 못해서 시간제로 일한다고 대답을 한 거예요. 그러니까 결국은 이들도 어느 정도 좋은 여건, 복지나 임금을 희망한다는 거예요. 하지만 현재 정규직 일자리가 부족해서 참여를 하지 못하는 게 아닙니까? 또 아까 제 말에 조금 더 덧붙여 보면, 시간제 일자리 비율을 보면 대부분, 그러니까 71.9%가 단순 노무직, 서비스직, 판매직 등이었고, 전문직은 겨우 16.9%만 해당됩니다. 또 기업의 규모가 작을수록 시간제 일자리가 많습니다. 이건 뭘 보여 줍니까? 그러니까 지금 일자리 시장에서 시간제 일자리가 절대 선호되는 일자리가 아니고 힘들고 돈도 적게 받는 그런 상황인 거지요. 그러니까 시간제 일자리를 늘릴 생각을 하는 게 아니라, 아까 말씀드렸듯이 근본적으로 질 좋은 일자리를 늘려야 되는데, 지금 이 정책은 그런 부분에 대해서는 염두에 두지 않고 양만 늘리고 있어서 거꾸로 가고 있지 않나 그렇게 생각합니다. |

❶ 가 – 다 의 발언 요지를 요약해 봅시다. 또 어느 편의 주장이 타당하다고 생각하는지 여러분의 의견을 말해 봅시다.

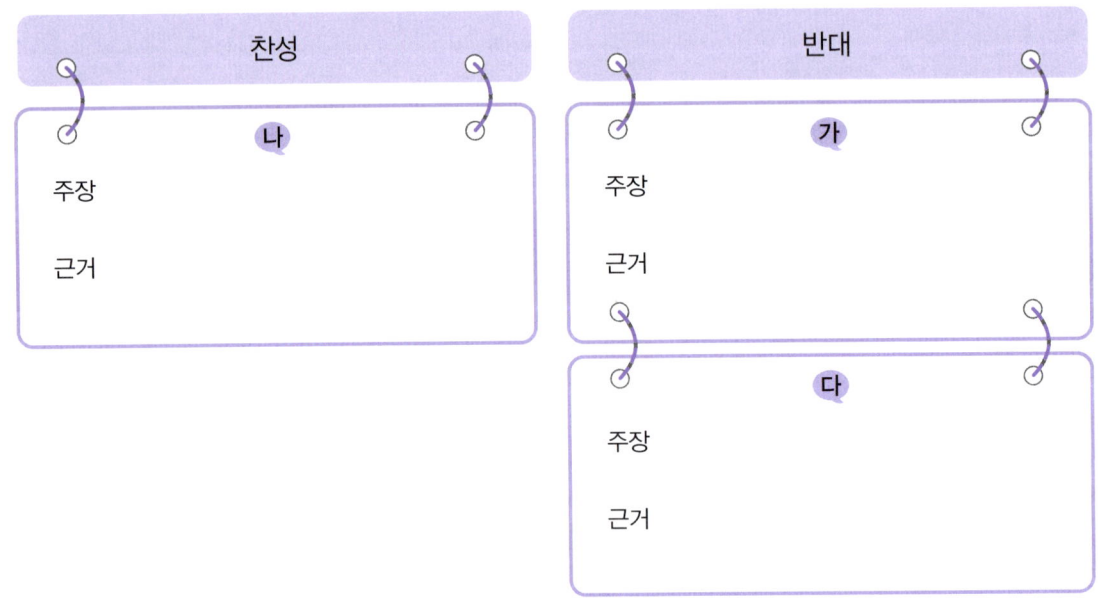

❷ 토론 내용 중 ①－⑥에서 각각 어떤 방법으로 주장을 뒷받침하고 있는지 다음 보기 에서 골라 봅시다.

<보기>

| 통계 자료 제시 | 주변의 예시 들기 | 질문하기 |
| 일부 인정하기 | 개념 범위 한정하기 | 부정하기 |

① _____ ② _____ ③ _____
④ _____ ⑤ _____ ⑥ _____

2. 실업 문제 해결 방향에 대해서 토론해 봅시다.

> 다소 질이 낮더라도 일자리의 수를 먼저 늘려야 한다.
> vs.
> 일자리의 질적 수준을 높이는 것이 먼저다.

1) 같은 입장을 가진 친구와 함께 주장과 근거를 정리해 봅시다. 또 예상되는 반론을 생각해 보고 이에 대한 반박 내용을 준비해 봅시다.

2) 토론에서 발언할 내용을 준비하여 토론해 봅시다. 특히 예상되는 반론과 이에 대한 반박을 포함하여 주장해 봅시다.

	말할 내용	참고 표현
예상되는 반론과 반박		• _____보다는 _____이/가 중요하다고 봅니다. • 물론 _____도 중요하지만, …….
강화		• 근본적인 _____은/는 _____(이)라고 할 수 있습니다.

자기 평가

학습한 내용을 스스로 평가해 봅시다.

☐ 실업 문제의 원인과 해결 방향에 대해서 말할 수 있다.
☐ 자신의 주장을 근거를 갖추어 설득력 있게 발표할 수 있다.
☐ 예상되는 반론을 고려하여 이에 대해서 반박할 수 있다.

13과 복지의 길

14과 행복의 조건

○ 여러분이 행복을 느끼는 순간은 언제인지 이야기해 봅시다.

🗣 주제 말하기

1. 다음 글을 읽고 한국인의 행복도에 대해서 이야기해 봅시다.

● **한국인의 행복 지수**
- 미국 여론 조사 기관 갤럽이 2012년 148개국에서 각각 1,000명을 대상으로 '행복감을 느끼는 정도'를 조사한 결과 한국인의 행복 순위는 97위로 나타났다.
- 경제협력개발기구(OECD)가 2012년에 발표한 행복지수에서 한국은 36개국 중 24위로 하위권에 머물렀다. 한국은 11개 평가 항목 가운데 고용(28위), 환경(29위), 건강(33위), 일과 삶의 균형(33위), 공동체 생활(35위) 부문에서 최하위권으로 조사됐다.
- 유엔이 공개한 '세계 행복 보고서'에서 한국은 10점 만점에 5.7점으로 전체 156개국 중 56위에 그쳤다.

● **한국인은 왜 행복하지 못할까?**
- **계층 간 소득 격차**: 한국은 가장 빠른 속도로 경제가 발달하면서 또한 빠른 속도로 소득 격차가 심화되었다. 소득 양극화가 교육 격차로 이어지면서 다수가 상대적 박탈감에 시달리게 되었다.
- **열악한 근무 환경**: 한국 근로자의 근무 시간은 OECD 회원국 가운데 최고 수준으로, 2011년 2,090시간으로 OECD 평균보다 300시간 넘게 일한다.
- **경쟁적 사회 분위기**: 입시에 시달리는 학생들부터 실적에 압박받는 직장인들까지, 모두 서로 비교하면서 경쟁하는 분위기가 존재한다.

한국경제매거진, '행복의 조건: 한국인은 왜 행복하지 못할까?'(2013. 2. 7. 권오준 기자) 중에서
(http://magazine.hankyung.com/business/apps/news?popup=0&nid=01&nkey=
20130205000898000161&mode=sub_view)

1) 이 글에서 한국인이 불행한 이유는 무엇이라고 합니까? 몇 가지 요인으로 정리하여 이야기해 봅시다. 🔍

2) 여러분은 한국인이 행복하다고 생각합니까? 행복하지 않다면 그 이유는 무엇이라고 생각합니까?

3) 한국인의 행복도에 대해서 여러분의 생각을 발표해 봅시다.

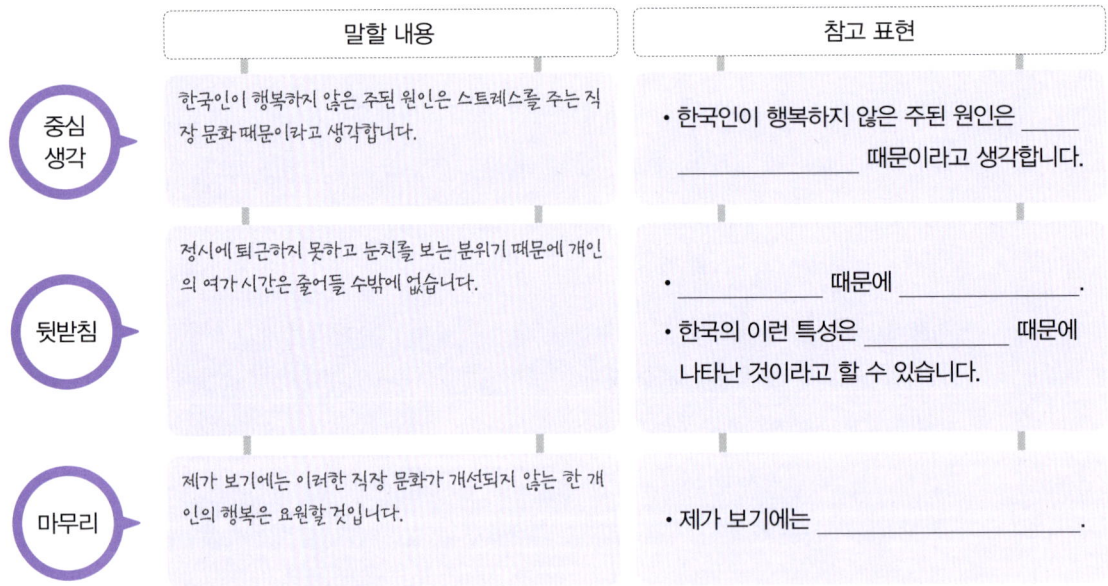

4) 행복도를 높이기 위해서 사회 차원에서 어떤 변화가 필요할지 이야기해 봅시다.

5) 문화권별로 행복에 대해서 다른 인식을 가질 수 있을까요? 다음 글을 읽고 여러분 나라 사람들의 행복관은 어떤지 친구들과 이야기해 봅시다.

> ● **동서양의 행복에 대한 인식 차이**
>
> 동양 학생들은 심리적이고 물질적인 지원보다는 주변 사람들로부터 정서적 지원을 받는 '관계적 지원'을 통해 더 행복감을 느낀다는 연구 결과가 있다. 서양 학생들은 행복을 대체로 개인적인 측면에서 정의하는 데 비해, 동양 학생들은 행복을 사회 속에서 다른 사람들과 맺는 관계의 측면에서 정의하는 것으로 보인다는 것이 연구 팀의 주장이다. 즉 행복을 생각할 때, 홀로 있는 내 한 몸 그 자체보다 내가 존재할 수 있는 주변 환경에 더 큰 의미를 둔다는 것이다.
>
> 또한 미국을 비롯해 서양에서는 자아 성취, 즉 자신에 대한 긍정적인 평가 등으로 행복을 정의한 데 비해, 중국을 비롯한 동양 학생들 사이에서는 자기 수양 혹은 자신에 대한 다른 이들의 긍정적인 평가로 행복을 정의하는 경향이 높게 나타났다. 특히 동양 학생들이 많이 정의하는 행복의 개념인 '조화, 균형, 적응'과 같은 단어들을 서양 학생들의 답변에서는 비슷한 단어조차 찾아보기 힘들었다.
>
> 한겨레사이언스온, '당신의 행복감은 어디에 깃들어 있습니까?'(2014. 6. 20, 이고은) 중에서 변형
> (http://scienceon.hani.co.kr/171638)

2. 행복의 조건에 대해서 이야기해 봅시다.

1) 여러분의 행복에 중요한 조건은 무엇입니까? 다음 보기 중에서 어떤 조건이 가장 중요한지 이야기해 봅시다.

> **보기**
>
> | | | |
> |---|---|---|
> | 직업 / 일 / 경력 | 경제력 | 인생의 목적 / 가치 |
> | 가족 | 환경 / 여건 | 자기 계발 / 성장 |
> | 건강 | 인간관계 | |

2) 다음 정의를 보면 행복은 마음가짐에 달려 있다고 이야기합니다. 이러한 입장에 동의하는지 여러분의 생각을 말해 봅시다.

행복에 대한 정의

- **링컨**: 행복은 마음 먹기에 달려 있다.
- **달라이 라마**: 인간이 살아가는 주요 목표가 행복이다. 행복이나 불행은 '우리가 상황을 어떻게 받아들이며 자신이 가진 것에 얼마나 만족하는가'에 달려 있다.
- **긍정 심리학**: 행복은 인생을 이끌어 가는 진정한 영적인 에너지이며, 노력해서 얻을 수 있는 습관이다.
- **버트런드 러셀의 《행복의 정복》**: 불행의 원인은 자기 자신에 대한 과도한 관심과 몰입이다. 자기도취나 과대망상, 모두가 나만 미워한다는 합리적이지 못한 자기 비하 등 쓸데없는 감정과 행복을 버려야 한다. 내가 가장 갈망하는 것이 무엇인지 알아내서 손에 넣고, 본질적으로 이룰 수 없는 것들에 대해서는 깨끗하게 단념하면 행복해질 수 있다.
- **쇼펜하우어**: 너무 불행해지지 않는 가장 확실한 방법은 너무 행복해지기를 바라지 않는 것이다.

3) 행복을 마음의 상태로 보는 위 주장과는 달리, 행복을 객관적인 지수로 볼 수 있는 물질적 조건으로 보는 관점도 있습니다. 여러분은 어떤 관점이 타당하다고 생각합니까?

> 행복을 마음의 상태로 보는 관점에는 어떤 문제점이 있습니까?

> 행복을 물질적 조건으로 보는 관점에는 어떤 문제점이 있습니까?

4) 행복이란 무엇인지 여러분 스스로 정의를 내려 봅시다. 또 왜 이렇게 정의를 내렸는지 설명하여 봅시다. 💬

3. 행복에 대해서 논제를 정하여 토론해 봅시다. 💬

❶ 다음 논제에 대해서 여러분의 생각을 정해 봅시다.

> **가**
> 행복이란 객관적인 생활 만족도로 생활 여건이나 환경에 따라 달라진다.
> vs.
> 행복이란 주관적 안녕감으로 상황에 관계없이 받아들이는 마음 상태에 따라 달라진다.

> **나**
> 돈이 많을수록 행복하다.
> vs.
> 돈이 많을수록 오히려 불행하다.

| 가 | |
| 나 | |

❷ 근거를 들어 토론을 준비해 봅시다.

	말할 내용	참고 표현
주장		• 저희는 _____다/라고 생각합니다.
근거		• 무엇보다 큰 이유는 _____다/라는 데 있습니다. • 예를 들어 _____ 봅시다. • 만약 _____한다면 _____ 수 있을까요? • _____더라도 _____지 않는 경우가 많습니다.
예상되는 반론		• 물론 _____다/라는 의견이 있을 수 있습니다. • _____ 측면이 있는 것도 사실입니다.
반론에 대한 반박		• 하지만 _____은/는 _____에 불과합니다. _____라는 점을 기억해야 합니다. • _____은/는 _____을/를 통해 보완할 수 있습니다.
마무리		• 결론적으로 _____다/라고 할 수 있습니다.

과제 말하기

1. 토론 마무리 발언의 구조와 표현에 대해서 생각해 봅시다.

1) 다음은 돈과 행복의 관계에 대한 토론의 마무리 부분입니다. 잘 듣고 이야기해 봅시다.

가 ( )	저희 입장을 다시 한 번 말씀드리겠습니다. 저희가 입론과 반론에서 말씀드렸던 것처럼 돈이 없어도 행복할 수 있다는 주장에 대해서, 돈은 자본주의 사회에서 행복을 위한 전제 조건이며, 돈이 있을 때 불행할 수는 있어도 돈이 없을 때 행복할 수는 없다고 봅니다.
나 ( )	마지막으로 여러분에게 드리고 싶은 말씀은 이겁니다. 정말로 돈 없을 때 행복하셨습니까? 정말로 돈이 없고, 뭐 …… 생계가 위협될 정도는 아니더라도요. 예를 들면 오늘 아침에 커피 한 잔 사 마시고 싶은데 지금 현금이 모자라서 커피를 못 사 먹었다, 친구를 만나려고 하는데 돈이 없어서 거절했다, 이런 상황일 때요. 그럴 때 행복한가요? 사실 우리가 가끔은 겪을 수 있는 그런 순간이라고 생각하는데요. 그럴 때 행복하다고 말하는 것은 자기 최면이고 위선이라고 생각합니다. 솔직해져야 한다는 것이지요. 이렇게 자기 위안을 하면서 행복하다고 하는 것, 어쩌면 착한 바보가 되기에 십상인 마음가짐이 아닐까요. 우리는 솔직하게 돈이 필요하고 편안한 집이 필요하며, 그렇기 때문에 그런 물질적 조건들을 추구하고 또 골고루 제공할 수 있도록 사회 체제의 변화를 요구해야 합니다. 자기 위안이나 하는 그런 마음은 아무런 실질적인 변화를 가져올 수 없다, 그렇게 봅니다. 물론 돈이 많다고 무조건 행복한 것은 아니겠지만, 저희는 돈이 없는 상황에서 행복은 가능하지가 않다, 성립하지 않는다, 이렇게 말씀드립니다.

❶ 위와 같이 말한 사람의 주장과 근거는 무엇인지 정리하여 발해 봅시나.

❷ 이 부분은 가 와 나 두 부분으로 나눌 수 있습니다. 각 부분에 어떤 내용이 들어가 있는지 다음 보기에서 골라 ( ) 안에 써 봅시다.

> 보기
>
> 요약　　　　　주장 강화

❸ 이 부분에서 자신의 주장을 강화하기 위하여 사용한 방법을 다음 보기에서 골라 봅시다. 이 방법들은 어떤 효과가 있습니까?

> 보기
>
> 청자에게 질문　　　속담이나 격언 인용　　　구체적 사례 제시

2. 깊은 인상을 남길 수 있는 최종 발언을 구성하려고 합니다. 인상적인 사례나 인용구를 통해 최종 발언을 완성해 봅시다.

> ❶ 지금까지 말씀드린 것과 같이 저희는 동물을 대상으로 한 실험을 금지해야 한다고 봅니다. 마지막으로 다시 한번 강조하고 싶은 것은 바로 이것입니다. _____

❷ 지금까지 말씀드린 것과 같이 저희는 남녀 공학이 교육에 더 긍정적인 영향을 미친다고 봅니다. 마지막으로 다시 한번 강조하고 싶은 것은 바로 이것입니다. _____

3. 설득력 있고 인상적인 논증으로 토론의 마무리 발언을 준비해 봅시다.

	말할 내용	참고 표현
요약		• 앞서 말씀드린 대로 _____ 이유는 총 세 가지를 들 수 있습니다.
강화		• 마지막으로 말씀드리고 싶은 것은 무엇보다도 _____ 다/라는 점입니다.

자기 평가

학습한 내용을 스스로 평가해 봅시다.

☐ 행복에 대한 여러 관점에 대해서 이야기할 수 있다.
☐ 행복이 무엇인지 자신만의 관점을 가지고 말할 수 있다.
☐ 적절하게 요약하며 토론의 마무리 발언을 할 수 있다.
☐ 인상적인 발언으로 토론을 마무리할 수 있다.

15과 적성과 진로

○ 여러분의 어렸을 때 꿈은 무엇이었는지 이야기해 봅시다.

🗣 주제 말하기

1. 최근의 직업 선택 경향에 대해서 이야기해 봅시다.

1) 다음 표를 보고 한국의 직업 선택 현황에 대해서 이야기해 봅시다.

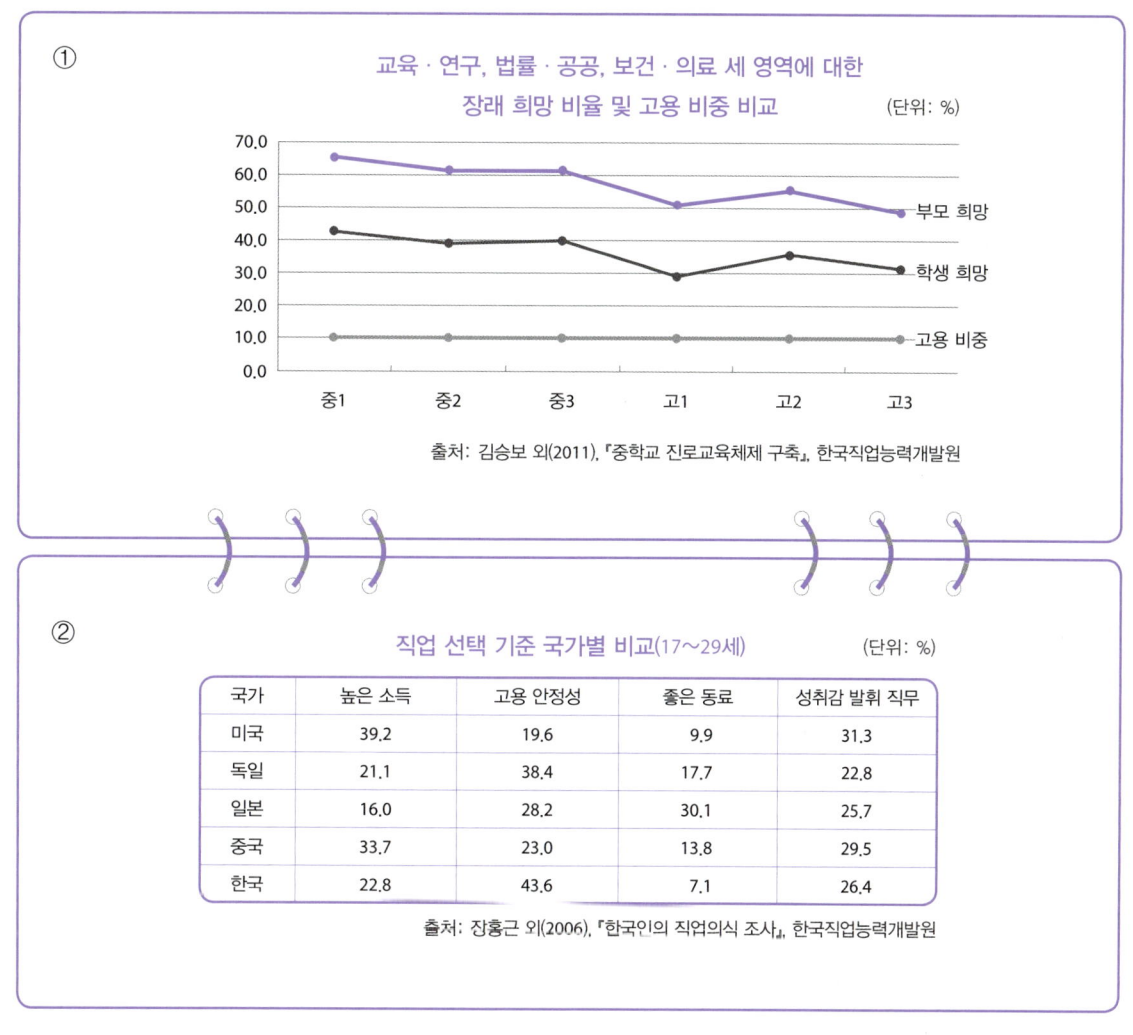

① 교육·연구, 법률·공공, 보건·의료 세 영역에 대한 장래 희망 비율 및 고용 비중 비교 (단위: %)

출처: 김승보 외(2011), 『중학교 진로교육체제 구축』, 한국직업능력개발원

② 직업 선택 기준 국가별 비교(17~29세) (단위: %)

국가	높은 소득	고용 안정성	좋은 동료	성취감 발휘 직무
미국	39.2	19.6	9.9	31.3
독일	21.1	38.4	17.7	22.8
일본	16.0	28.2	30.1	25.7
중국	33.7	23.0	13.8	29.5
한국	22.8	43.6	7.1	26.4

출처: 장홍근 외(2006), 『한국인의 직업의식 조사』, 한국직업능력개발원

❶ 위 표 ①에 따르면 한국의 학생들과 부모들은 어떤 직업을 선호하고 있습니까?

❷ 이러한 직업 선택 경향은 어떤 점에서 문제가 됩니까?

❸ 표 ②에 따르면 한국에서는 직업 선택에서 어떤 가치를 중시하고 있습니까?

❹ 이러한 직업 선택 경향이 나타나는 이유는 무엇이라고 생각합니까? 어떻게 개선할 수 있습니까?

2) 여러분 나라의 직업 선호 경향에 대해서 말해 봅시다.

❶ 여러분 나라에서 선호하는 직업은 어떻게 변화해 왔습니까? 여기에는 어떤 요인들이 작용했습니까?

❷ 여러분 나라에서 직업 선택 시 가장 중시하는 가치는 무엇이라고 생각합니까?

3) 미래에 선호될 직업은 무엇일지 이야기해 봅시다.

❶ 시대 변화에 따라서 새로운 직업이 생길 것이라고 합니다. 다음 자료를 참고하여 최근 새롭게 생겨나는 직업이나 사례가 있으면 이야기해 봅시다.

- 브라운칼라(Brown Collar): 과거 블루칼라로 폄하되던 육체노동에 새로운 전문성과 부가 가치를 가미하여 화이트칼라를 능가하는 새로운 블루 오션을 창출한다.
- 노마드(Nomad) 워커: 모바일 기기를 활용해 시간과 장소의 제약 없이 일하는 신개념 프리랜서가 등장한다.
- 소셜 사업: 사회의 경쟁 구도 속에서 악해지거나 독해지지 않고도 나와 사회를 동시에 행복하게 한다.
- 여유 경영: 주 3일 출근이나 파격적인 육아 휴직, 재택 근무, 직원 복지 등을 보장함으로써 직원과 기업 양쪽에 더 큰 이윤을 창출한다.
- 컨트리보이스(Country Boys): 대도시의 경쟁과 숨 가쁜 생활을 벗어나 지역 사회에서 살 길을 모색하며 지역 경제 활성화의 초석이 된다.
- 마이크로(Micro) 창업: 적은 자본이지만 아이디어로 무장한 신개념 창업으로 창업 시장에 뛰어든다.

❷ 여러분은 현재와 비교하여 미래에 어떤 직업이 선호될 것으로 생각하는지 그 이유와 함께 이야기해 봅시다.

	말할 내용	참고 표현
현재 직업 선호 경향	현재는 고소득이 보장되는 직업이 선호되는 경향이 있습니다.	• 현재는 _____는 경향이 있습니다. • 여기에는 _____와/과 같은 요인이 작용한 것으로 보입니다.
미래 직업 선호 경향과 그 이유	미래에는 보다 자유롭고 개인의 취미를 살릴 수 있는 여행 작가, 예술가와 같은 직업이 선호될 것으로 생각됩니다.	• 미래에는 _____와/과 같은 직업이 선호될 것으로 생각됩니다. • _____에 따라 _____기 때문입니다.

2. 진로를 결정하는 데 관여하는 요인에 대해서 이야기해 봅시다.

1) 진로 선택에 관여하는 요인에는 어떤 것들이 있는지 다음 보기를 참고하여 이야기해 봅시다.

> **보기**
>
> 교육   주위 환경   성장 지역
> 부모   개인의 적성   경험
> 친구   전통   취업 기회 및 전망

15과 적성과 진로 131

2) 이러한 요인 중 중요하게 고려해야 할 것은 무엇이라고 생각합니까? 그렇게 생각한 이유는 무엇입니까? 💬

고려해야 할 것

그렇게 생각한 이유

3) 진로를 현명하게 결정하기 위해서 어떻게 해야 하는지 방안을 제안해 봅시다. 💬

	말할 내용	참고 표현
진로 선택의 어려움 및 현황	주변에 보면 진로 결정 시 어려움을 겪는 나머지 취업을 하고도 계속 진로 문제로 고민하는 사람들이 많아지고 있습니다.	• 진로 결정 시 _____고 있습니다.
진로 선택에서 고려해야 할 요소	진로 선택에서 가장 중요하게 고려해야 할 것은 무엇보다 본인의 적성이라고 생각합니다.	• 진로 선택에서 가장 중요하게 고려해야 할 것은 _____. • _____지 않으면 _____. • _____은/는 무엇보다도 _____.
진로 선택의 방법	적성에 맞는 직업을 선택하기 위해서는 무엇보다 자신의 성향을 제대로 파악하는 것이 중요합니다.	• _____기 위해서는 _____이/가 중요합니다.

 **과제 말하기**

1. 면담의 구성과 표현에 대해서 알아봅시다.

    1) 다음 심리 상담가를 대상으로 하는 면담의 일부를 듣고 질문에 답해 봅시다.

질문자	일하면서 힘들었던 순간도 있으셨을 것 같아요.
심리 상담가	네, 경험이 많지 않았을 때는 힘든 상황에 현명하게 대처하는 방법을 몰랐던 것 같아요. 예를 들면 내담자 중에 분노가 많은 분을 대할 때 버거움을 느꼈죠. 그런 경우 내담자의 분노를 충분히 쏟아내게 해야 상담이 진행되고 그 밑에 어떤 욕구가 있는지를 읽어 낼 수 있는데, 저를 향해 분노를 표출하는 것이 아닌데도 분리가 잘 안 돼서 저도 모르게 위축되고 힘들었던 것 같아요.
질문자	네, 그만큼 심리 상담가라는 직업이 스트레스가 많은 직종일 거란 생각이 드는데요. 상당한 강도의 감정 노동이 요구되기도 하구요. 스트레스 해소법이나 마음을 컨트롤하는 방법이 있으신지요.
심리 상담가	네, 아무래도 사람의 내면을 다루는 일이다 보니 내 생활에 위기가 오면 상담을 진행하기가 힘들어요. 일치가 안 되고 내담자에게 죄책감도 들고요. 힘든 순간에는 심리 전문가도 상담을 받습니다. 저의 경우엔 수련 과정 때부터 상담을 받고 있는 멘토 선생님이 계세요. 요즘은 명상을 하고 있어요. 실생활에서 쓸데없는 생각을 내려놓기 위해 호흡이나 감각에 집중하는 거예요. 또 일상생활에서도 명상을 생활화하려고 해요. 설거지 명상, 청소 명상, 요리 명상이라고 부르고 싶은데요. 집안일을 하면서 행위 자체에 순수한 주의를 기울이는 거예요. 퇴근하고 집에 도착하면 저녁 식사를 준비하는데, 그 시간을 '혼자 쉴 수 있는 시간'이라고 생각하니까 즐거워지더라고요. 일상생활에 집중하면서 생각을 내려놓는 게 참 중요해요. 또 모든 일과를 끝내고 밤 10시부터 한 시간 정도는 '나만의 시간'을 가지려고 노력해요. 관심 있는 분야의 책을 읽는다거나, 재미있는 영화를 본다거나, 맥주를 마신다거나……. 혼자만의 시간과 공간을 갖는 것이 좋아요. 휴식과 명상, 몰입이 일상을 즐겁게 지낼 수 있도록 해 주는 원동력이라고 생각해요.

질문자 다	① 네, 역시 그런 회복하는 시간이 꼭 있어야 하겠군요. 저 개인적으로도 적용해 보고 싶은 내용입니다. ② 자, 그럼 이번에는 우리 독자들을 위한 조언을 좀 부탁드리는 질문을 해 볼게요. ③ 요즘 점점 심리 상담을 필요로 하는 사람들이 늘고 있는데요. 경쟁과 시선을 중시하는 사회가 되면서 내면의 고통을 호소하는 사람들이 늘어가고 있는 것 같습니다. ④ 어떻게 하면 좀 더 자기 자신 안의 문제를 그대로 바라보고 치유할 수 있을까요?
심리 상담가	저는 SNS가 발달하면서 남의 삶과 나의 삶을 비교하게 된 것이 가장 근본적인 문제라고 생각해요. 남과 나를 비교하는 순간 고통이 시작되거든요. SNS에 너무 집중하지 않았으면 좋겠어요. 적당한 거리를 유지하고 너무 몰입하지 않았으면 해요. 그 대신 일기나 상담, 대화, 명상 같은 것을 하면서 나를 들여다보는 시간을 가져 보세요. 끊임없이 무엇을 하려고 하지 말고 느리게 천천히 나 자신을 가만히 들여다보는 거죠. 바쁜 현대인에게는 게으른 시간, 성취를 내려놓는 시간이 필요한 것 같습니다.

❶ 질문자인 기자의 질문과 심리 상담가의 답변의 요지를 요약해 봅시다.

	질문 내용	답변
가 질문		
나 질문		
다 질문		

❷ 다 질문의 ①–④에 해당하는 것을 다음 보기 중에서 찾아봅시다.

> [보기] 주제 전환   질문 내용   질문 배경   상대방의 말에 대한 반응

① _____　　② _____
③ _____　　④ _____

면담에서 주의할 점

질문자
- 면담 목적에 걸맞는 내용에 대해서 질문한다.
- 구체적이고 명확한 대답을 이끌어 낼 수 있도록 질문한다.
- 답변자가 답변 가능한 질문을 한다.
- 묻고자 하는 것을 적절하게 돌려서 질문한다.
- 답변자에게 예의를 갖추어 질문한다.
- 적절히 공감을 표시한다.

답변자
- 질문자의 의도를 고려하여 답변한다.
- 충분한 답변이 되도록 하되 지나치게 길지 않게 대답한다.
- 솔직하게 대답한다.
- 듣는 사람의 흥미를 고려해서 대답한다.

2. 개인 성향에 맞는 진로를 탐색해 보는 면담을 해 봅시다.

1) 면담 대상자에게 알맞은 면담의 목적을 정해 봅시다.

면담 목적

2) 다음 보기와 같이 실제 면담을 할 때 필요한 질문지를 만들어 봅시다.

▶ 면담 목적: 진로 탐색
▶ 면담 질문:

》 문제를 파악하는 질문

- 진로 문제 및 고민이 있습니까? 언제부터 그런 고민을 하게 되었습니까?
- 그런 문제에 대한 원인이 무엇이라고 생각하십니까?
- 고민과 관련하여 다른 사람들은 어떻게 말을 합니까?
- 지금 현재 하고 있는 일(하려고 하는 일)은 무엇입니까?
- 진로를 정하게 된 결정적인 계기는 무엇이었습니까?
- 진로를 결정하는 데 어떤 요인이 영향을 미쳤습니까?
- 지금 하고 있는 일(하려고 하는 일)이 자신의 적성에 맞다고 생각합니까?
- 지금 하고 있는 일(하려고 하는 일)에 대해서 느끼는 어려움은 무엇입니까?

》 적성을 탐구하는 질문

- 어렸을 때의 꿈은 무엇입니까?
- 지금 가지고 있는 꿈은 무엇입니까?
- 관심을 갖고 있는 분야는 무엇입니까? 어떤 일을 할 때 기분이 좋습니까?
- 본인의 장점과 단점은 무엇입니까? 남보다 뛰어난 능력은 무엇입니까?
- 고등학교 때 잘했던 과목은 무엇입니까?
- 기회가 주어진다면 어떤 일을 해 보고 싶습니까? 그 이유는 무엇입니까?
- 주말에 일한다면 어떤 일을 하고 싶습니까?
- 은퇴한 후에 어떤 사람으로 기억되고 싶습니까?
- 혼자 일하는 것에 대해서는 어떻게 생각합니까?
- 어떤 환경에서 일하고 싶습니까? 또 어떤 환경에서 잘 일할 수 있습니까?

▶ 면담 목적:
▶ 면담 질문:

3) **구체적으로 어떻게 진행해 나갈지 준비하여 면담을 해 봅시다.**

	말할 내용	참고 표현
질문하기		• _____지 궁금합니다. _____겠지만 그중에서도 특히 _____이/가 있을 것 같은데요. • _____이/가 있다면 어떤 것일까요?
답변에 연결하여 질문하기		• 그렇다면 _____ 건가요? • _____지 않은 이유가 있나요?
조언하기		• _____에 대해서 생각해 본 적 있나요? • _____와/과 같은 직업은 어떨까요? • 제 의견으로는 _____.

자기 평가

학습한 내용을 스스로 평가해 봅시다.

☐ 현대 사회에서 직업 선택의 경향에 대해서 말할 수 있다.
☐ 직업 선택 시 중시해야 할 가치에 대해서 이야기할 수 있다.
☐ 면담에서 질문자와 답변자의 역할을 설명할 수 있다.
☐ 목적에 맞게 질문을 선정하여 면담을 할 수 있다.

어휘 색인

ㄱ
개요 발표 22
고기 소비 16, 17, 21
공장식 축산 16-19, 21
관광지 75-78
관광지 개발 77
교육 격차 9
기성세대 67
기업 48

ㄷ
동물 복지 19, 22
동물 윤리 16

ㄹ
로봇 93
로봇 윤리 94
리더십 82
리더십 유형 83, 86, 87

ㅁ
마케팅 48-53
면담 133, 135-137
문학 40
미래 기술 92
미래 사회 92

ㅂ
반박 90, 107, 115, 117
발표 13-15, 21-23, 46
발표 도입부 13, 14
발표 마무리 38, 39
발표 주제 14
방언 25
복지 110
비정규직 115
비판적 질문의 구성 106

ㅅ
사투리 24
사회상 44
사회자 79
사회적 불평등 9
상담가 133
생활 예술 33, 34
소비 심리 49
소비자 48
소비 행위 49
수월성 교육 9
스마트폰 중독 104
시대상 42
실업 111
쓰레기 58

ㅇ
언어 정책 28
에너지 58
엘리트 교육 9
여행 상품 78
연결 표현 21, 23
영재 교육 10
예술 32
의사소통 27, 103, 106
인간관계 94, 100, 102-104
인간상 11
인재 발굴 9
인터넷 101
입론 88, 90, 91, 106

ㅈ
적성 10, 128
전인 교육 11
젊은 세대 67
정치 66
제주 74

주제 108
지역어 24
지역어 유지 정책 27
직업 129
진로 128
질문 14, 39, 55-57, 106
질문지 136
질의응답 56

ㅊ
청년 66
청년 세대 68
청자 소통 46
취업난 111

ㅌ
토론 64, 88-90, 97-99
토론 논제 89
토론 절차 90
토론 마무리 125
토의 63-65, 71-73, 81
토의 참가자 81

ㅍ
패러디 40, 43, 44, 47
평준화 교육 9
표준어 24, 27
표준어 정책 27

ㅎ
행복 118
행복도 119
행복의 조건 121
환경 18, 22, 58, 59, 62
환경 오염 22, 59
효과 54

서울대 학문 목적 한국어⁺ 시리즈
말하기·듣기·읽기·쓰기

집필진

안효경	서울대학교 국어국문학 학사
	서울대학교 국어국문학 석사
	가톨릭대학교 국어국문학 박사
	서울대학교 언어교육원 한국어교육센터 대우전임강사
이슬비	서울대학교 국어교육/영어교육 학사
	서울대학교 한국어교육전공 석사
	서울대학교 한국어교육전공 박사
	(전)서울대학교 언어교육원 한국어교육센터 시간강사
	국립국어원 학예연구사

서울대 한국어⁺
학문 목적 말하기

초판 1쇄 발행 2018년 1월 15일
초판 6쇄 발행 2025년 5월 30일

지은이　서울대학교 언어교육원

펴낸곳　서울대학교출판문화원
주소　08826 서울 관악구 관악로 1
도서주문　02-889-4424, 02-880-7995
홈페이지　www.snupress.com
페이스북　@snupress1947
인스타그램　@snupress
이메일　snubook@snu.ac.kr
출판등록　제15-3호

ISBN 978-89-521-1918-6 04710
　　　978-89-521-1920-9 (세트)

ⓒ 서울대학교 언어교육원 · 2018

이 책은 저작권법에 의해서 보호를 받는 저작물이므로
무단 전재와 복제를 금합니다.

The MP3 audio files can be accessed and downloaded through the SNU Language Education Institute website http://lei.snu.ac.kr/klec, SNU Press website http://www.snupress.com, and the QR code on the right.

주문 정보
Order Information

〈사랑해요 한국어〉, 〈서울대 한국어+ 학문 목적〉 시리즈는 서울대학교출판문화원 홈페이지(www.snupress.com)와 교보문고, 영풍문고 등 주요 서점 및 인터넷 서점 인터넷교보, YES24, 알라딘 등에서 구매하실 수 있습니다.

You can purchase the series at the Seoul National University Press homepage (www.snupress.com), major bookstores such as Kyobo Bookstore and Young-Poong Bookstore, and online bookstore such as Internet Kyobo Book Center (www.kyobobook.co.kr), YES24 (www.yes24.com), Aladin (www.aladin.co.kr), etc.

해외유통 및 대학, 기관에서 구입을 희망하시는 경우 공앤박으로 문의하시면 됩니다.

If you want to purchase from overseas distribution, Universities, or Institutions, please contact us at Kongnpark.

공앤박(www.kongnpark.com)
E-mail: info@kongnpark.com | Telephone: +82 (0)2 565 1531 | Fax: +82 (0)2 3445 1080

Title	Publication Date
사랑해요 한국어 1 (SB/WB)	January 2019
사랑해요 한국어 2 (SB/WB)	April 2019
사랑해요 한국어 3 (SB/WB)	May 2019
사랑해요 한국어 4 (SB/WB)	June 2019
사랑해요 한국어 5 (SB/WB)	November 2015
사랑해요 한국어 6 (SB/WB)	March 2016
서울대 한국어+ 학문 목적 읽기/쓰기	March 2017
서울대 한국어+ 학문 목적 말하기	January 2018
서울대 한국어+ 학문 목적 듣기	February 2019

서울대학교출판문화원 SNUPRESS

(08826) 서울특별시 관악구 관악로 1
1 Gwanak-ro, Gwanak-gu Seoul 08826, Korea

Telephone: +82 (0)2 880 5252 | Fax: +82 (0)2 888 4148 | E-mail: snubook@snu.ac.kr

www.snupress.com